KSブックレット No.25

今日もいっしょに空を見上げて

相談員 吉田春花

きょうされん相談・支援部会―編著

発行―きょうされん　発売―萌文社

ＫＳブックレットの刊行にあたって

ＫＳブックレットの第25号がここにできあがりました。ＫＳとは、本書の発行主体である、きょうされん（旧称；共同作業所全国連絡会）の「共同」と「作業所」の頭文字であるＫとＳを組み合わせたものです。

本ブックレットは、障害分野に関わる幅広いテーマをわかりやすく企画し、障害のある人びとの就労と地域生活の実践や運動の進展に寄与することを目的に刊行しています。社会福祉・保健・医療・職業リハビリテーションに携わる人びとはもとより、多くのみなさまにご愛読いただくことを願っております。

2017年９月

きょうされん広報・出版・情報委員会

今日もいっしょに空を見上げて　相談員　吉田春花

もくじ

第二部　価値ある人生を求める相談支援　山本耕平　75

●装幀―佐藤健　●イラスト―uwabami

本書で紹介する個人の情報、および
その記述は、プライバシーに配慮
し、事実をもとに編集しています。

第一部

辞令

吉田春花

「地域生活支援センター相談部」勤務を命ずる

職名 相談員

第一話　春の陽射し

1

私を乗せた車は、住宅街に入った。

春の陽射しが暖かい。

このあたりは閑静な街並み。

運転席の犬山さんは鼻歌交じりで、機嫌は良さそうだけど、時折見せる笑顔が私に向けられたものなのかどうかはわからない。

後部座席では、さっき載せた掃除道具がガチャガチャと音を立てている。

「どこに行くんですか」

「あぁ、もう少しで着くよ。それにしてもいい天気だね。あ、あそこの桜、ちらほら咲いてるね」

また、あの笑顔だ。

「おはようございます。今日から相談部配属になった吉田です。よろしくお願いします」

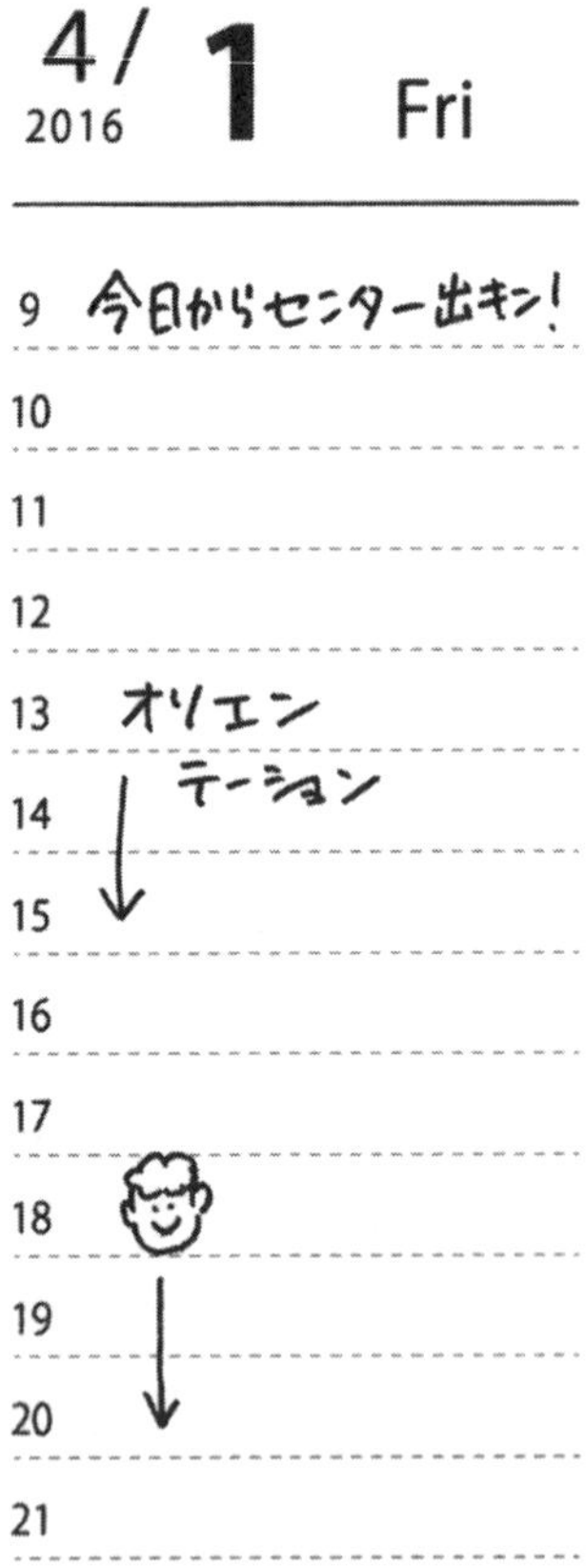

大学を卒業して作業所に就職した私、吉田春花は、わずか1年で異動の辞令を受けた。

異動先は『地域生活支援センター相談部』。

「相談部ってどんなところですか。何をしているんですか」

作業所の先輩職員に聞いてみた。

「すごいね。がんばりなよ」

「また大変な部に異動になったなぁ」

「相談部だから相談にのる仕事じゃないかな」

先輩職員はまったくあてにならなかった。


「吉田さん、いきなりだけど今日は犬山くんといっしょにお願いね」

自己紹介もまともに終わらないうちに、部長から飛んだ指示。

「あ、はい。犬山さんよろしくお願いします」

「よろしく。さっそく出かけるから、そこの掃除道具を車に積んでおいて」

「えっ。掃除道具ですか」

「そっ。あ、これエプロンね。使って。軍手はそこにあるから」

犬山さんの人懐っこい笑顔が、かえって私の不安を煽る。


車は小さな一軒家の前に停まった。玄関には若い女性が立っている。

「おはようございます。とうとう今日が来ましたね」

犬山さんはニコニコしながら、

「じゃ、はじめましょうか」

あいさつもそこそこにさっさと家の中に入っていく。

「よろしくお願いします」

後ろから彼女が申し訳なさそうに続く。

私もおそるおそるついて行く。

いきなり目に飛び込んできた状況に、私は呆然と立ち尽くす。いわゆる『ゴミ屋敷』。

「ほら、まあ燃える燃えないの分別は気にしなくていいけど、彼女に聞いてとにかく袋に入れて」

平静さを装っていたつもりでも動きが止まっていたらしい。私の驚きを見透かしたように、犬山さんが袋を差し出した。

女性は片付けが苦手で、さらに捨てることへの不安が強く、家の中に物やゴミが瞬く間にあふれ、そこに埋もれるように暮らしていたのだ。わたしたちが片付けている間、所在なさげな表情をしていたのが印象的だった。でも時々、「あっ」と声を出す。捨ててほしくないものがあるからだ。そうか、燃える燃えないの分別はいらないけど、いるいらないは聞かなければならなかった。他人にはゴミの山でも、本人にとっては大切なものなのだ。

「こりゃ今日だけじゃ終わらんね。また別の日に来ることにしますか」

午前中をかけて掃除をしたがまだまだ片付かず、今日のところは引き上げることにした。

「今日のこれは相談の仕事なんですか。掃除の後で話を聞いたりするのかと思っていましたけど。私が想像してたのは……」

帰りの車中で私は疑問をぶつけてみた。

「事務所の机挟んで話を聞く？」

「……ハイ。困っていることを聞いて作業所とかヘルパーを紹介したり、制度を説明したりするのかなと」

「それも相談。けど今のも相談」

「掃除することがですか？」

「彼女は困ってたでしょ」

「それはそうですが……」

「何に困ってたんだろ」

「……部屋が片付けられないこと」

「それだけかな」

「(掃除をするならヘルパーではダメなのだろうか。片付け以外に女性が困っていたことって何だろう)」

黙り込んでしまった私に、

「わかるわけないよ。吉田さんは彼女のこと何も知らないもんね。彼女の日常も、ましてや今までの人生も聞いたわけじゃないから、わからなくて当然だよ。ま、とはいってもぼくもまだまだ彼女のことはよくわからないんだけどね。ハハハ」

朝から何度も見た犬山さんの笑顔。でも、疑問は消えない。

「相談の仕事って、なんですか」

「そうやねぇ……寄り添うことかな」

犬山さんはなんだか意味不明なことを言ったあと、一人の女性のことを話し始めた。

「今から10年以上前の話になるかな。支援費制度もまだ始まっていない頃だな」

2

その頃ぼくは、ヘルパー派遣の事務所を開いていた。今みたいな制度があったわけじゃないから、「無認可」というところだろうか。

ある日、ぼくの事務所に脳性麻痺の女性がやってきた。車椅子に乗り、介助者は男性だった。

「一人暮らしをしてるんですけど、介助者がなかなか見つからなくて、探してるんです」

はっきりした訴えの裏に、生活への不安がのぞく。

いろいろ話を聞きながら、彼女の暮らしぶりがおぼろげながらわかってきた。とくに泊まりの夜間の介助者がいないことが、いちばん困っているらしかった。

じゃあということで、ぼくも泊まりに行った。もちろん、女性を男性が介助することは倫理的にも心情的にもお互いにつらい。本当は嫌だけど、誰も介助者がいないよりましだ。

ある晩、寝る準備が終わって電気を消そうとすると、

「わたしが入所施設にいた頃の話、したかしら」

「あ…いや、そんなには」

すこし疲れていたぼくは、横になりたい気分を顔に出すまいと、彼女のそばに座った。

「わたしは14歳で施設に入所したの。身体障害の施設でみんな自分では動けない人ばかり。おやつとか買いたいものは連れて行ってもらって自分で買うのではなく、職員さんに伝えて買ってきてもらうのよ。それが続くと、そのうち買ってきてもらったものを、職員さんにあげるようになっちゃうわけ。そうすると職員さんが、ものをくれる利用者とくれない利用者で対応を変えるようになってくるのよね。何もくれない人には

呼ばれてもほとんど行かないという感じ。わたしなんかお金を勝手に使われたこととかもあって。あまりにひどかったから、父が施設から出してくれたの。でもね、今度は父がわたしのお金を使い始めた。そしてまた家を出て別の施設に入ったわ。その施設では、介助されているときに脱臼させられて、手術代も自腹を切らされた。自分のことしか考えていない職員がたくさんいたの。もちろん、わたしたちのことを一生懸命考えてくれる人もたくさんいたわ。だけど、結局、施設にわたし自身を適応させなきゃ生きていけなかった。それがわたしには合わなかったのね」

ぼくは相づちをうつ気力もなく、黙っていた。その後も彼女は、就学免除で学校には行っていなかったこと、ようやく定時制高校に入学できて、学校の先生の協力で一人暮らしを始めたことなんかを話してくれた。

「この一軒家で一人暮らしをするようになって、何がいいって、自由だということ。でもね、身の回りのことをしてくれる人がいなければ生きてはいけない。泊まりの介助者がどうしても確保できなかったときにはベッドから床に落ちちゃって、朝、介助者が来るまでそのままだったりしてね」

彼女は自嘲気味に笑っていた。でもその声には悔しさとも悲しみともつかない、絞り出すような思いがあるような気がした。

「学校の先生や友だちがボランティアで来てくれてたけど、長く続けてくれる人もいれば、すぐに来なくなる人もいた。それどころか、ヘルパーの制度が始まった途端、ボランティアさんたちの多くはやめていったの……でもヘルパーで毎日賄えるわけではないから、どうしても一人の時間が増えてきた。今もボランティアに来てもらっている人はいるけれど、本心を話せる人は少ないの。電話やメールは自分じゃできないから、介助してもらわないといけない。中には、メールを勝手に読む人もいる。だからメールはすぐに消すようにしていた。電話も話す内容によるけど、信頼できる人の時だけかけてるの」

静かな夏の夜だったと思う。ぼくは返事をしなかった。

しばらくして寝息が聞こえてきた。ぼくはタオルケットを彼女にかけて電気を消した。

「ずっとそんな生活なのよ……」

ぼく自身が、彼女のつらさの一部なのかもしれないな、と思った。

3

彼女に対してぼくがしていたことは、介助者の確保のために電話をかけたり、メールしたり。その結果を手帳に記入したり。彼女が希望する人を電話帳から探し、電話をかける。電話を彼女の耳に話が終わるまであて続ける。話がうまく通じていないときは、代わりに相手に伝える。

彼女はもちろん女性、ぼくは男性。それでも着替えはしなきゃならない、トイレの介助もある。買い物も付き合った。さすがに女性なので、ピアスとか口紅とか、ぼくは口をはさめない。

ラーメン屋に入ったときのこと。

「そんなに緊張しなくてもいいのに。しょっちゅう食べてるから大丈夫よ」

ラーメンを食べさせる経験がなかったぼくは、柄にもなくお店の中で硬くなっていたらしい。

3年ぐらい、そんなやりとりをしながら彼女との時間が過ぎていった。

ある日、すぐに来てほしいと電話を受け、何があったかと駆けつけた。

「きのう、ボランティアの人に2階の部屋をホテル代わりに逢い引きに使われたみたい。今日は介助の人はいないのかって聞いてきたから、わたしはてっきり空いた時間に介助に入ってくれるのかと思ったの。そしたら、あ、そう、じゃ2階借りるからって言ってそのまま女性と上がっていった。何も聞こえないと思ったら大まちがいなのに」

これまでも何度かあったことだと言っていた。

その晩はお酒を飲むのに付き合った。飲めもしないお酒を、無理して飲まなければならないほど、彼女の心はズタズタだったに違いない。

「女として生まれて、わたしだって恋愛もしたい。だけどわたしみたいな人を好きになってくれる人なんかいるわけない。人の色恋を指をくわえて見てろって、一体どういうこと？」

泣きじゃくる彼女を、ぼくはどうしていいかわからなかった。

そのころを境に、彼女は急激に健康状態が悪化した。追い打ちをかけるように、育ての母親が亡くなったことを知り、ショックを受け、不安定になっていった。記憶が部分的にダメージを受けたのか、ぼくの顔すら忘れるほどの時もあった。不眠も続き、睡眠薬に頼るようになり、医師からは夜間の呼吸を確認するようにとも言われた。


晩年は、相当なストレスがあったのだろうと思う。物事を忘れることが多くなり、40代半ばで早々に亡くなられた。まだまだ話し足りなかったことが山ほどあっただろう。まわりに対しても、自分に対しても歯がゆい思い、悔しい思いがいっぱいだったかもしれない。でも自分で切り開いていった人生、たぶん後悔はしていなかったんじゃないかなと。ただ、もっともっと生きたかったんじゃないかなとも思う。

くっつきすぎず、離れすぎず、適度な距離感を保ちながら、ぼくは彼女の生活の一部となって、支えもしたし、じゃまにもなったし。あれから10年以上たつけど、えらべる暮らしはまだまだだな。自分らしい生活をしていくことを阻害する要因はまだまだたくさんあるんだよ……。

犬山さんは話し終えると、ほんのわずかな時間、何かを考えていた。

私は、前を見たまま、視界の隅で犬山さんの顔をうかがった。

「困りごとは目に見えることだけじゃないだんよ。心の内で抱える悩みごと、困りごとに至ったわけ、なりたい自分、こうありたいという願い、家族や仲間、地域や社会から求められる姿と、そうなれない、上手くやれない現実との葛藤……。

生きてるなかで、いろんな思いや事柄を背景にして、困りごととして現れると思うんだよ。だから目に見えてる困りごとを聞くだけじゃなくて、その人の生活や生き方に寄り添っていく、それがぼくは相談じゃないかなと思ってる」

いつの間にか車は事務所の駐車場に着いていた。

「ゴミ袋、頼むね」

「(相談の仕事ってサービスや福祉資源を紹介したり、調整したりするのが仕事と思っていたけど、そうじゃないの？　その人の生き方に寄り添う……それが相談だとしたら、私にはほんとにできるのかな)」

両手にゴミ袋を抱えながら、空を見上げた。

やわらかいはずの春の陽射しが、私にはまぶしすぎるように感じられた。

まぶしすぎて、向こう側が見えない。だけど、見えないことが不安ではなくなっていた。

「おーい、もたもたしてると昼飯食いそびれちゃうぞ」

犬山さんの笑顔が、ようやく私に向けられた気がした。

第二話　忘れた傘

1

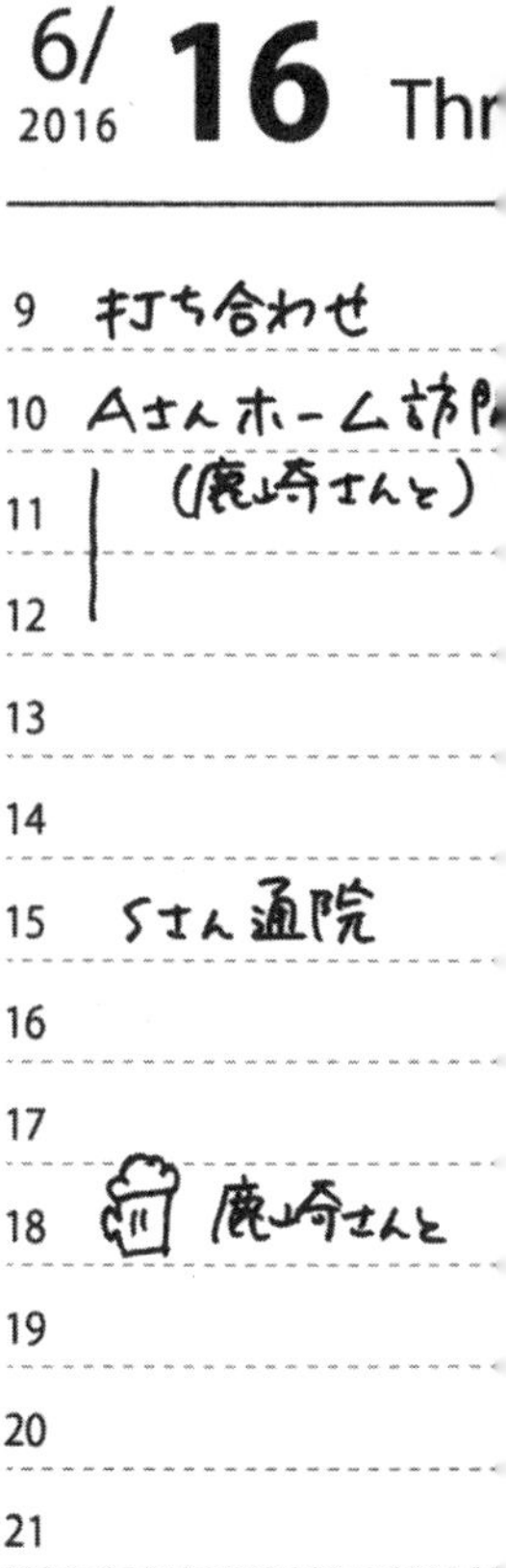

「ちょっとごめんね」

携帯を手にした鹿崎さんが、席を離れた。その間に私も自分の携帯をチェックする。

「あるわけ……ないか」

口の中で、つぶやく。

先週から持たされた相談用の電話は、まだ一度も鳴っていない。携帯を渡されたとき、ちょっとだけ一人前扱いされた気分になった。だけど履歴の数が半人前の証しだと気づくのに、そう時間はかからなかった。もっとも今の私に担当の利用者さんがいるわけでもないから、携帯番号は相談部の職員しか知らないわけだし、仕方ない。

「おまたせ。明日訪問する人のお母さんからだったわ」

戻ってきた鹿崎さんは、残っていたビールを飲んだ。

彼女と飲むのは、これでもう3度目になる。何かと私に気を配ってくれて、よく話を聞いてくれる。懐の深い、憧れの先輩だ。

けれどちょっぴりおっちょこちょいだ。今日も訪問先に自分のカバンを忘れ、さっきまで気づいていなかったぐらいだ。

「忘れたのが荒木さんのところでよかったですね」

「ほんと、やんなっちゃう。私、しょっちゅうあるのよね。傘なんて何本なくしたか。あっ、傘は……。荒木さんの家はまた行くから、ま、いっか」

と言いながら、今度は箸を床に落として、さらにそれを拾おうとしてテーブルに頭をぶつけた。

狭い個室に二人の笑い声が響いた。


今日私は鹿崎さんと一緒に、荒木さんの部屋を訪ねた。5年ほど前にできたグループホームで暮らしている。

「これ、荒木さんかしら」

こぢんまりとした部屋の隅に、古い写真立てがあった。お父さんが赤ん坊を大事そうに抱き、傍らにはお母さんがしあわせそうに座っている。

「そうそう、父ちゃんと母ちゃん。おれが生まれてわりとすぐの写真だって。古いよー。なんたって64年前の写真だもの。このおれだって赤ちゃんだったんだよ」

荒木さんはもともと細い目を糸のようにして、懐かしそうに話し始めた。

「おれは50ぐらいまでずっと家にいたからね。父ちゃん母ちゃんにはいっぱい迷惑かけた。でも親孝行もできないまんま、もう二人ともいなくなっちゃったし……。

小学校上がるころにはもう独りでは歩けなくなってたんだと思う。だから、母ちゃんが毎日、学校までおんぶしてくれた。帰りは父ちゃんのお弟子さんがとっかえひっかえ来てくれた。うちは畳屋でね。職人さんが何人も一緒に住んでたんだ。にぎやかだったよ……」

「え、畳屋さんだったの。それは初耳だわね」

鹿崎さんが半ば驚いた様子をみせた。

「ヤスさんって職人さんがいてね。おれをおんぶして、野球に連れてってくれるんだ。『坊ちゃん、今日も大《だい》毎《まい》の試合いきますぜ』って」

「楽しかった。ヤスさんはお兄ちゃんみたいだった」

ヤスさんのまねをした自分がおかしかったのか、荒木さんは弾けるように笑った。

「中学出たあと、父ちゃんが手に職をつけてこいって、施設に入った。けどおもしろくないから逃げてきたんだよ。父ちゃんは、ひょっとしたらなんとか畳屋を継がせたかったのかもしれない。兄弟いなかったしね。でもおれには難しかったな。父ちゃんや母ちゃんに悪いことしたな」

荒木さんは亡くなったご両親を慈しむように続けた。

「施設から逃げてきてからはどこにも行ってない。ずっと家にいた。でもヤスさんたちがいたから、つまらないとは思わなかった。みんな短気でさぁ。酒飲んでしょっちゅうけんかするんだよ。でも不思議とみんな仲がいい。『坊っちゃん、一献どうですかい』なんて職人さんが調子に乗ると、父ちゃんが『ばかやろう』って。親方だもんね父ちゃんは。それで母ちゃんは女将さん。今思うとね、仕事の仲間ってこんなもんかなって。ヤスさんたちが独立して、父ちゃんが弟子をとらなくなってからは急に家が寂しくなったなあ」

私には荒木さんの家の様子が想像できなかった。荒木さんの若い頃の生活ぶりは、私が習った障害のある人の暮らしとは違っていた。

そんな私の表情に気づいたように、荒木さんは今度は鹿崎さんに顔を向けた。

「どこにも行ってなかった頃のことはあまり覚えていないけど、さすがにつまらないと思ってた。作業所に行くようになったのが50過ぎてからかな。鹿崎さんが来てくれたよね。おれにとってはそれからが二度目の青春。笑うけどホントなんだよ。父ちゃんが死んで、母ちゃんが具合悪くなって入院したもんだから、一人暮らしもした。作業所のすぐ近くだったけどおもしろかった。ヘルパーさんに隠れて、台所でこっそりひとりで酒飲んだこともあった。でももう一人暮らしはいいかな。やっぱり周りに人がいる方が楽しい。ここにずっと住んでいたいよ」

荒木さんは、一気にしゃべったあと、満足そうに言った。

「そっか、大毎《だいまい》オリオンズなんて二人とも知らないよねぇ」

2

「今日の荒木さん、なんだか楽しそうだったわね。荒木さんと知り合って10年以上たつけど、今日初めて聞いた話もあったしね」

「私にはへえって思うことばかりでした。荒木さんのご家族って、大変じゃなかったんでしょうか」

「それもそうだし、こう、なんというか、荒木さんの心の奥底に持っている気持ちがやっと見えた気がしたのよね……」

少し気まずそうな横顔をみせた鹿崎さんはグラスを口につけると、いつもより早口にしゃべり始めた。

「荒木さん言ってたけど、作業所に通うようになったのはもう10年以上前かな。ご両親がもう高齢で、介護保険の認定調査を受けた時に、息子さんの方がもっと大変だわってことになって、ケアマネさんから相談が来たのが始まり。それまでずっと自宅で過ごしていたから、車いすも重たい鉄製のまま。パンクしてブレーキも錆びついてた。新しい車椅子を手に入れて、少し外に出てみなきゃっていくつか作業所を見て回ったの。

ずっと家で過ごしてきたわけだから、いきなりたくさんの人の中で過ごすのはちょっと……と思って、小さな作業所を一緒に見て回った。はじめは私の目を見て話すことはなくて、テレビの話ばかり。きっとずっとテレビばかりみて過ごしていたんだろうなと思った。今の作業所に通うようになったのは、職員が自分とおんなじ目の高さで話をしてくれたからなんだって。私は、荒木さんがずっと家にこもりきりで、何もすることなく過ごしてきたんだと思っていたの。だからたくさんの人といるのが苦手かもって勝手に思ってた。だけど今日の話からすると、ちょっと違ったのよね」

「ヤスさんとか周りにたくさん人がいて、にぎやかな暮らしも実は長かったんですね」

「そう、だからその頃がすごく楽しかったんだろうし、きっとそこが荒木さんの暮らしの原風景なのよね。それにね、ちょっと気が短いところなんかは職人気質なのかもね。作業所の利用が週1回から2回になって、そして毎日になっていろんなことがあったって聞いた。腹立てて他の利用者に湯呑み投げつけたり、怒って職員につかみかかったり、そんなことを聞くたびにハラハラしたし、どうしようって思ったけど、でも荒木さん、案外ケロッとしてるのよね」

「(暮らしの原風景か)」

私が想像つかない荒木さんの生活を、鹿崎さんはそう表現した。荒木さんの心の奥にひろがる暮らしに思いを馳せることができないまま、私はそれを隠すように黙ってしまった。手だけが空のグラスをぐるぐるかき回していた。

「あれ。私、なんか難しいこと言っちゃったかしら。ハイボールにするかな。吉田さんも何か呑みなよ」

先輩に言われて、結構ですというのもナンだし、それにもうちょっと話を聞きたい気分でもあった。

「じゃあ、サワーじゃなく、私もハイボールで」

3

「おまちどおさまでした。ハイボール二つです」

「変わったんだよね」

「え? 何がですか」

「作業所行くと『こんだけ仕事したんだよ。』って折った箱を見せてくれたり、作業所の旅行や行事にも出かけていくようになったりね。荒木さんがね」

　話題は再び荒木さんだ。

「ある時、真剣に相談があるって言ってきたの。何かな、と思ったら『おれは本当の友達がほしいんだ』って。それからしばらくして『ここにきてやっと仲間ができた』って。うれしそうだった。自分が働く仲間の一員になったことが、どれだけ彼の気持ちを満たしたことか。『今が楽しい。でもあと10年早かったらなぁ…』ってさっき言ってたのが忘れられないな」

　ほろ酔い加減だった鹿崎さんの顔が、いつのまにか仕事モードに戻っていた。

「みんなとわいわいやり合いながら仕事することが、彼の心の記憶をよみがえらせたのかもしれないね。その記憶が彼の希望だし、今の生活の原動力になっているんじゃないかしら」

「私、去年1年だけ荒木さんと作業所で一緒だったじゃないですか。ホームから作業所に毎日通う荒木さんがあたりまえで、あとは脳性麻痺で車いすで野球が好きとか、ちょっと怒りっぽいとかそのぐらいの理解でしかなかったんです。だから今日の訪問も、生活のなかでの目の前の困りごととか、不便さとか、そういうのをちょっとでも聞き取れたらなんて思ってたんですけど」

「いや、それでいいのよ。それでいいのだけれど。そつなくスムーズに暮らせるようにサポートするのはもちろん大事よね。だけど荒木さんが言ってたよね。『今の暮らしを続けたい』って」

「はい……」

「荒木さん、お父さんが亡くなったり、お母さんが入院したりで、自宅で暮らすのが難しくなってね。一人暮らししたって言ってたよね。かと言って車いすの方が利用できるようなグループホームなんてそうそう空いてないし。にっちもさっちも行かなくなってきたの。それでも荒木さん、『やっと今の生活にたどりついたんだ。このまま作業所に通いたい』って。それはそうだよね。周りの誰もがそうだろうなって思ってたけど、やっぱり最後に周りを動かしたのは荒木さん自身の一言だったと思うよ。それから無謀とも言えなくもない一人暮らしが始まって、ヘルパーさんも根気強く付き合ってくれた。そうこうしているうちにグループホームができて、荒木さんもやっと入居したの」

くっとグラスを飲み干した鹿崎さんの話に力が入った。

「65歳問題って聞いたことある? 荒木さんもうすぐ65歳になるんだけど、そうすると介護保険の制度に切り替えるように言われるんだ。今の生活を変えなきゃならなくなるかもしれない。実は去年、高齢者のデイサービスを見学に行ったことがあるのよ。話の合う人がぜんぜんいなかったって。自分の親御さんの年齢に近い方が多くて、なんだかがっかりさせてしまって申し訳なかったわ。荒木さんは今の暮らしを続けたいってはっきり言ってる。周りの人もそんな荒木さんの気持ちをよくわかってる。しかも今日、あの話を聞いたからには、荒木さんの希望を制度で断ち切るなんて、絶対にできるわけがない。

絶対にしちゃいけないのよ」

　鹿崎さんのいつもとちがう激しい口調に押されながら、私は必死で先輩相談員の言葉を反芻していた。

「(荒木さんは今の暮らしを続けたいと思っている。ご両親や職人さんたちとの暮らしの記憶を大切に、今の暮らしを送っている。それなのに、荒木さんの思いとは関係なく制度が暮らしを決めてしまう。同じ日本に住んでいるのに、私は自分で暮らしを決められる。荒木さんは制度の中で決められてしまう。その違いはなに?)」


「なんか鳴ってるわよ」

　鹿崎さんの声に私ははっと我に返った。

「携帯じゃないかしら」

「(まさか、もしかして私の)」

　記念すべき初の着信履歴は
〈荒木さん〉

「まだ時間早いから、折り返ししたら」

　鹿崎さんが言う。

　私は、はにかみながらもうれしさ一杯で発信した。

「荒木さんですか。吉田です」

「ああ、夜にごめんなさいね。鹿崎さんに傘も忘れてるからねって伝えといてね」

「ハイ!わかりました。ありがとうございます。おやすみなさい」

「鹿崎さん、傘忘れてますよって。あ、それ、私のグラスですよ」

第三話　真夏の夢

1

「暑い……」

今日も熱帯夜だ。

こうも寝苦しい夜が続くとさすがに寝不足で、日中ぼーっとするときもある。

寝不足の原因はもう一つある。

私の担当の尾藤さんのことだ。

どうもうまくコミュニケーションがとれない。

私に尾藤さんを引き継いだ馬渕さんは、

「時間かけて、あせらずに話をすることかしらね。私もはじめはうまくいかなかった」

と、慰めてくれる。

「尾藤さん、節約だからって扇風機しか使わないんですよ。熱中症も心配だから、クーラーを買おうって言うのですが、『いらない！』って怒っちゃうんです」

「尾藤さん頑固だからね。でも、クーラーを嫌がる理由は聞いたの？」

「節約のためじゃないんですか」

「節約もそうなんだけどね。尾藤さん本人だけじゃなく、娘さんもいるし、ヘルパーさんも市役所のケースワー

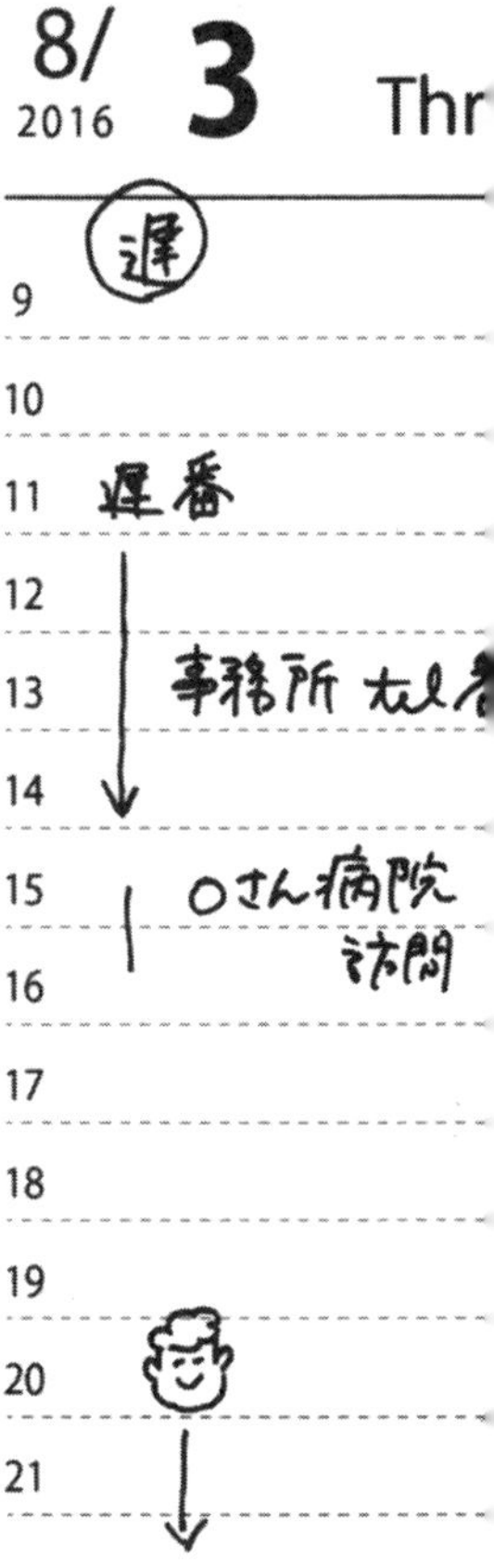

カーさんも関わっているよね。その人たちからもっと話を聞いてみたら。もちろん、尾藤さんに断ってからね」

馬渕さんは、私が行き詰まっているのを知ってか、心配そうに私の顔をのぞき込んだ。

「吉田さんは一人で尾藤さんを支えないといけないと思ってない？」

考えすぎると眠れなくなってしまうとわかっていても、目を閉じると尾藤さんの怒った顔が映る。しつこいと思われただろうか、嫌われたかもしれない……そんな思いが頭をよぎる。

「一人で考えないで、この間カンファレンスで会った人たちに連絡とってみたらどうかしらね」

でも会ったばかりなのにまた連絡するなんて、恥ずかしいし、私が未熟なのをさらけ出すことにもなるし。

「（考えすぎだよな……）」

私はいつのまにか眠りに落ちていた。


次の日のことだ。

「暑い……」

やっぱりこれしか言葉が見つからない。

アスファルトの照り返しから逃れ、ようやく私は事務所に戻ってきた。

「吉田さん、おかえり。暑かったでしょう」

馬渕さんが冷蔵庫からお茶を出してくれた。

「飲んだらちょっと相談室きてくれる？」

相談室には見知らぬ女性が座っていた。

「紹介するわね。うちの部の新人で吉田。こちらはどんぐりクリニックのワーカーの松村さん。どんぐりクリニックはたくさん利用者さんが行ってるから、知ってるわよね」

「よろしくお願いします」

ぎこちなく差し出す名刺を、松村さんはにこやかに受け取ってくれた。

「吉田さん、神原さんって知ってるわよね」

「神原さんって、あの『拍手！』って言った方ですか」

「そうそう、その神原さん、神原雅子さん。すぐにじゃないけど、追い追いあなたに担当を引き継ぐから。これからこの間の様子と、次回の関係者会議の調整をするところなのよ。ちょうどいいから、一緒に聞いてて。時間大丈夫よね」

「ありがとうございます。よろしくお願いします」


「あのときはほんと慌てたわ」

馬渕さんがすぐに話し始めた。

「神原さんったら『どうしよう、立てなくなっちゃった』って、泣きながら松村さんに電話よこしたのよ」

神原さんは同居していたお母さんがその数日前に急逝。葬儀が済んだあと、急に足の力が入らなくなり立てなくなってしまったという。

松村さんが駆けつけると、食事もままならずトイレへ行くにも床を這う状態だったらしい。

「私も松村さんから連絡もらって、急いで市役所の保健師さんとアパートへ向かったっけね」

「馬渕さんたちが来てくれてあのときは助かったわ」

と、松村さんが年季の入ったケースファイルをひろげた。

「そうそう、結構絶妙な連係プレーだったわよね」

2

「神原さん、やっぱり入院して、体を休めたほうがいいと思うんだけど」

今日五度目の台詞だ。わたしと松村さんは、まるでにらめっこしているみたいだ。

「入院するの？しなきゃだめ？そんなに松村さんは、わたしを入院させたいの」

わたしは半分泣きそうになりながら、思わず声を張り上げていた。

松村さんも、さすがに困った顔をしている。

母が亡くなってまだ4日だ。ゴミや洋服が散らばったこの部屋は、他人から見たら汚いかもしれないけれど、わたしにとっては母と暮らした思い出の家。死んだ母のぬくもりがまだ残っている。自分が調子が悪いのはわかっている。葬儀のあと、気が抜けたように立てなくなって何もできなくなった。幻聴も妄想もひどい。「そんなことするな」「お前はダメな奴だ」と四六時中言ってくる。それでも入院はしたくない。

「（松村さんに電話したのはそのためじゃないのに）」

すると玄関の呼び鈴がなって、誰かやってきた。タイミングいいな。ドラマみたいだ。

「こんにちは」

どこかで見たことがある人だったが、誰だっただろうか。もう一人は初めて見る顔だった。

「市の保健師の鈴木です。覚えてますかね」

「地域生活支援センターの馬渕です。初めましてですね。突然来ちゃってごめんなさい」

二人ともにこやかだけど、逆にそれがうっとうしい。

保健師の鈴木さんは、わたしに今の体のことをこと細かに聞いてきた。手を挙げてみろとか笑ってみろとか、何かしゃべってみろとか。

「脳梗塞の心配は少ないと思うけど」

「じゃあ、入院しなくて済むの」

「でも、ちゃんと検査しないとはっきりしたことは言えないの。それに、ご飯も食べてないんじゃ、もっと悪くなるかもしれない。一度入院してちゃんとみてもらった方がいいと思うわよ」

「でも……お金がかかるから」

「大丈夫、それは松村さんや馬渕さんに任せておけばいいから」

「入院の準備もお手伝いしますよ」

言い方は優しいが、3人は明らかに前のめりだった。

わたしは熱意に押された形で渋々入院を承知した。

3人はあっという間にあちらこちらに連絡、病院に持ち込むものを用意して、車で病院に連れて行ってくれた。それはそれは見事なチームワークだった。

そのときのわたしは、この3人が、わたしの退院後の生活に欠かせない3人衆になるなんてもちろん思ってもいなかった。それに入院があんなに長くなるとも、これっぽっちも思っていなかった。

心配された脳梗塞は、検査の結果、異常はなかった。立てなくなった原因は、母の死による心因性反応と、栄養不足が重なったからだろうと医者が説明してくれた。少しほっとした。

入院して2カ月もすると精神的には落ちついた。しかし、一度立てなくなった足はよくならず、リハビリは全然進まなかった。持病の糖尿病も悪化し入院はズルズルと伸びていった。ただ、入院中はきちんとお薬を飲んだので、幻聴は聞こえるが気にならない程度になってきた。でも、監視カメラがあちこちにあったり、誰かがわたしのベッドを使ってわざと汚していったりすることが気になってしまう。そんなときには、看護師長さんがいつも話を聞いてくれた。すると不思議に、監視カメラは撤去され、ベッドがきれいになるのだった。

時々、馬渕さんが、お見舞いに来てくれた。素直にうれしかった。

「歩けるようになって、早く退院したいなあ」

馬渕さんが来るたびにわたしは彼女にぼやいていた。彼女はいやな顔一つせずに、わたしのとりとめもない話を聞いてくれた。やさしい、いい人だと思った。

保健師の鈴木さんも来た。馬渕さんと違って、竹を割ったような性格だ。だからスパッとものを言う。

「後ろ見ないで、前を向いて。じゃないと、亡くなったお母さんも喜ばないわよ」

わたしは、母と暮らしていた間は、あまり人に頼ることをしてこなかった。だから、馬渕さんや鈴木さん、松村さんもそうだけど、なんでわたしにここまでかまってくれるのか、正直わからなかった。面倒くさくもあったし、赤の他人にいろいろやってもらうのがとても悪い気がしていた。でも、入院してゆっくり考えて、こうして話を聞いてもらったりすると、この人たちに寄りかかって自分のアパートで暮らすのも、楽なんじゃないかと思い始めていた。


「そろそろ退院に向けて準備をしましょうか」

主治医が言う。

入院してかれこれ1年が過ぎ、年月の感覚がなくなりかけていたころ、『退院』という目標がはっきりと目に見えてきた。わたしは小躍りした。

「退院したときのことを考えて、部屋もきれいにしておかなきゃね」

馬渕さんたちに手伝ってもらって、外泊のたびにアパートをきれいにした。きれいになった部屋に、早く住みたい気持ちでいっぱいになった。

だけど不安なこともたくさんあった。ご飯はどうしたらいいだろう、薬はちゃんと飲めるだろうか、お金は盗まれたりしないだろうか、洗濯はどうすればいいだろう。

わたしの頭は心配なことだらけになった。退院という言葉を聞いた途端、うれしいやら不安やら、どうすればいいのかわからなくなっていた。

ちょっと調子を落として、ベッドに伏せっていたある昼下がり、馬渕さんにヘルパーさんと看護師さんを紹介された。聞くと、ヘルパーさんが掃除や洗濯、看護師さんが薬のチェックや悩み相談をしてくれるという。

「でも、来てもらっても払えるお金がないんです」

「大丈夫、ちゃんと使える制度があって、神原さんはほとんどお金を払わなくていいのよ」

そう言われてもにわかには信じがたいものだ。わたしは眠いからと言って、反対を向いてしまった。

それからしばらくして、また馬渕さんが別の人を連れてきた。長くて覚えられなかったけれど、権利何とかで、お金の相談に乗ってくれる人らしい。

「(そうか、この人に相談すれば、ヘルパーさんたちのお金の心配はいらないかも。馬渕さん、やるじゃない)」

今思えばおかしな理解だったけど、なんとかなるかも、と思えた。

あれやこれやと馬渕さんたちは、わたしの退院の準備をしてくれているらしかった。いろんな人を病院に連れてきてはわたしに引き合わせてくれたりもした。わたしはちょっと申し訳ない気持ちになりながらも、退院がちょっとずつ近づいてきていることを実感していた。


その年の正月は珍しく雪が降った。

「(入院して2度目の正月か)」

病室の窓から見える雪景色は、きれいでもあり、冷たくもあった。

今日はこの雪の中、わたしの退院を助けてくれる人たちが集まってくれる。

「うわー。すごい雪だったわ。神原さん、調子はどうですか。久しぶりですね」

クリニックの松村さんだ。意外だった。退院して前のクリニックに戻れるということだろうか。

「奥の会議室でやりますから、いきましょう」

看護師長さんから声がかかった。

ドアを開けて、思わず声を上げた。

「エー、なんでこんなに？」

10人はいただろうか。

「じゃ、ご本人が来たところで、始めたいと思います。今日はこんな雪の中お集まりいただきましてありがとうございます。まず、主治医の先生の方から自己紹介……」

「ちょっと待ってください」

馬渕さんが進めようとするところを遮ったわたしは、こう口にしていた。

「皆さん、今日はお集まりいただきまして誠にありがとうございます。わたし、神原雅子58歳です。退院したいです。アパートの前に桜があります。その桜を今年は見たいです」

拍手が起きた。

あれから3年。わたしは歩くのがかなりしんどいけど、自分のアパートでなんとか暮らしている。

いろいろ奮闘してくれた馬渕さん。クリニックに戻れるようにしてくれた松村さん、いろんな制度の手続きを手伝ってくれた鈴木さんの三人官女。そしてヘルパーさんや権利擁護（覚えた！）の人、訪問看護ステーションの看護師さん。まだいるかな。こんなたくさんの人たちがわたしの味方だ。

もう入院はこりごり。この家で、お母さんの思い出と一緒に静かに暮らしたい。

だからわたしは、ちょっと申し訳ないとは思うけど、馬渕さんたちをちゃっかり頼りにして、これからもずっとわたしの暮らしを続けます。

みなさん、お集まりいただきまして誠にありがとうございました。

わたしの応援団に拍手‼

六畳一間の部屋が音楽ホールになったかのように、拍手が鳴り響いた。

いつまでもいつまでも、拍手は続いていた。

3

「（いやに拍手の音が響くんだけど……それに暑い）」

目覚まし時計がけたたましく鳴っていた。

「朝か……」

あ、夢だったのか……。

それにしても、リアルな夢だった。どこからが夢だっけ。

神原さんっていう人が主人公だったな。退院して地域で暮らせてよかったな。たくさんの支援者に囲まれて、うれしそうだった。

きっと、自分で生きていくっていう気持ちがあふれてたんだろうな。

私はシャワーを浴びながら、ぼんやりと考えた。

そういえば。

馬渕さんも出てきたな。私が担当を引き継ぐようなことも言ってたっけ。

ああ、夢か。それこそ、夢物語だね。そんな力量ないね。馬渕さんは重要な役回りだった。あんなたくさんの人を神原さんの応援団にしたんだもの。

いつもより少し早起きだったし、今日は遅番だから、時間に余裕があった。駅までの道をのんびり歩くことにした。夢の物語だったけど、何か、とても大事なことが詰まっている気がした。それを忘れないように、ゆっくり歩いた。

「(応援してくれる人がたくさんいるってことは、心強くてうれしいことなんだな。昨日の、尾藤さんの話もそうなんだわ)」

「今はまだ吉田さんも担当している人が少ないから尾藤さんへの支援もいろいろできるけど、やっぱり一人の支えだけではできることが限られるわね。それに吉田さんが休んだらそのあいだは困るわよね。人の生活は24時間365日続いてるからね」

馬渕さんの言葉を思い出した。

昨日は落ち込むだけで、馬渕さんの話が頭に入っていなかった。

「そっ。応援してくれる人が地域や社会の中にたくさんいるほうがずっと安心できる。そんな応援団づくりも大事な相談。つなぐこと、つながること、つなぎ続けること」

「(そうか。『応援団づくり』、か……。私一人で抱えるのじゃなくて、関わるみんなで応援団を作って支援する。それが……)」

夢か現実かぼんやりしていた頭の中が、見上げた夏の空みたいにはっきりとした色になった。

同じ空を、春にも見上げていた。色も、濃さも違うと思った。

事務所に着いた私に、馬渕さんが冷蔵庫からお茶を出してくれた。

「飲んだらちょっと相談室きてくれる?」

相談室には見知らぬ女性が座っていた。

「紹介するわね。うちの部の新人で吉田。こちらはどんぐりクリニックのワーカーの松村さん。どんぐりクリニックは知ってるわよね」

「よろしくお願いします」

「吉田さん、神原さんって知らないわよね」

「神原さんって、あの『拍手!』って言った方ですか」

「あら。そんなこといつ話したっけ。まあいいわ。神原雅子さん。すぐにじゃないけど、追い追いあなたに担当を引き継ぐからね。これから次のカンファレンスの打ち合わせするから、一緒に聞いてて。時間大丈夫よね」

私はこのデジャヴに大いに期待した。

第四話　秋、天高く

1

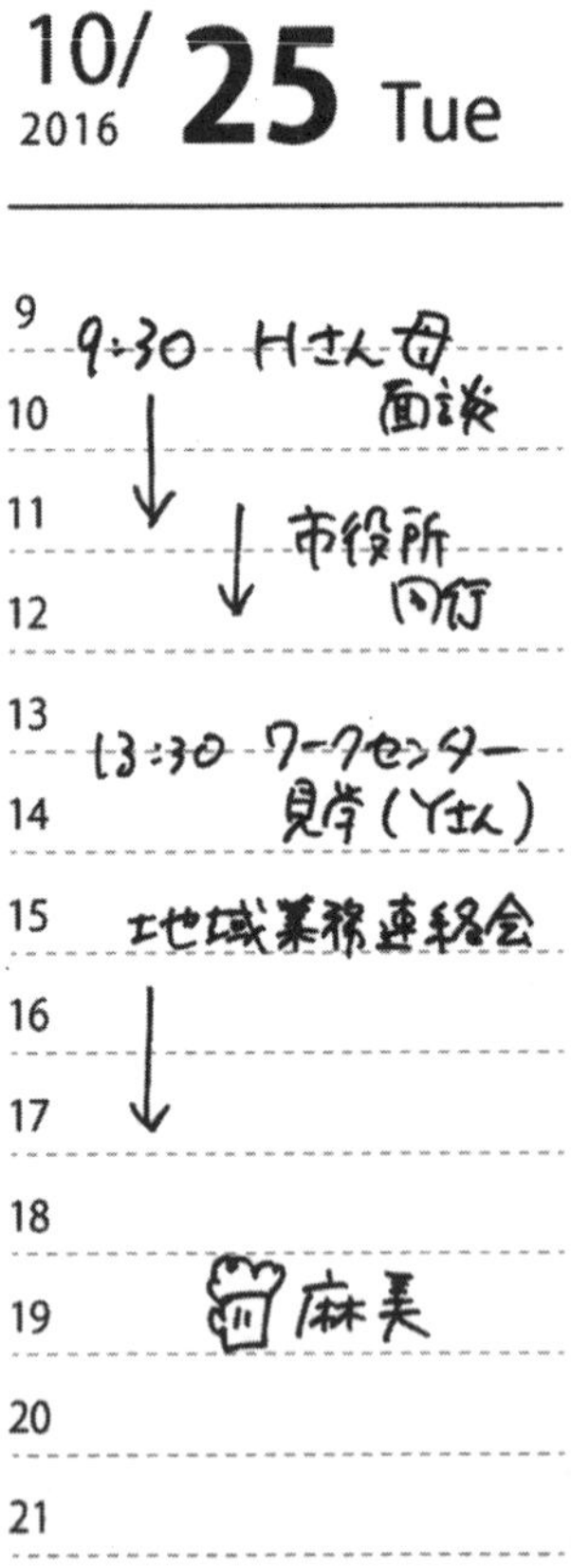

秋になると、ストンと音を立てて日が落ちる。

ついさっきまで子どもたちの遊ぶ声がしていた。でも街のスピーカーから音楽が聞こえ出すと、一気に夜の帳が下りてくる。

そして1日の仕事が終わりかけたとき、事務所に一人の男の子がやってきた。

「あ、あの、先生……馬渕先生いますか」

高校生だろうか。ひどく緊張した面持ちで立っている。

奥から馬渕さんが出てきた。

「あら、翔平君じゃないの」

「あ、先生。あの、お父さんが入院しちゃってお母さん病院行って、ぼく、ひとりになっちゃって」

今朝、お父さんが救急車で運ばれてお母さんがついて行ったまま、まだ帰ってきてないらしい。

馬渕さんは一つひとつ確かめるように男の子に話を聞いている。彼の顔が、次第にほっとした表情を見せるようになった。

「そっか。わかった。お父さん心配だね。お母さんきっと病院にいるんだね。晩ご飯食べてないでしょ。食べたいものある？お弁当にしようか。馬渕さんと、このお姉さんと一緒に食べよう」

「うん。お腹すいた」

笑顔が見えた。

「吉田さん、悪いけどコンビニ行ってお弁当か何か買ってきてくれる。それにしても翔平君、よくここに来たわね。さすが高3だ。翔平君がしっかりしてるから、お父さんもお母さんもきっとすぐ帰ってくるからね」

翔平君はさらにうれしそうに笑った。


次の日。

「昨日は遅くまでお疲れさまでした。犬山さんもありがとうございました」

馬渕さんが出勤してきた。

「あー、どうもお疲れさま。まあ、うまくことが運んでよかったですね」

「ほんとうに……。自宅行ってもやっぱりお母さんいないし、病院はわからないし、学校の先生も何も知らなかったしね。結局病院からここに電話があったからよかったけど、いざとなるとあたふたしちゃって、もどかしさが残るわよね」

昨日の男の子は千堂翔平君。夕陽丘特別支援学校の高等部3年生だ。お父さんが緊急手術となり、お母さんが病院に張り付きになってしまい、お互いに連絡が取れないまま翔平君がひとりぼっちになったのだ。あのあと、翔平君はうちの法人のグループホームに泊まって、今日からは児童養護施設のショートステイに行けることになったらしい。お母さんは翔平君が心配でたまらなかったけど、夫の病状が思わしくなくてどうしても離れられなかったという。泣きながら馬渕さんに翔平君を託したそうだ。

「翔平君のお母さんは、実はこれまで私が相談を担当しているの。翔平君のことも、最初は私が相談を受けていたのよ」

馬渕さんは昨日の疲れも感じさせず、いつもと変わらず元気に話し始めた。

「そっか、今日ちょうど地域業務連絡会だったわね。吉田さん、一緒に行くんだったわよね」

「はい。よろしくお願いします」

「って、だからその格好なのかぁ」

私は、入社式以来のリクルートスーツを着ていたのだ。

「翔平君の家族は、実は今日の地域業務連絡会と深い関わりがあるのよ」

コーヒーを手にした馬渕さんが、私のそばに座った。

「ちょっと前の話になるんだけどね」

2

6年ほど前のことになる。私はその頃、精神保健福祉相談を主に担当していた。当然、精神障害のある人たちとの接点が多くなる。翔平君のお母さん、和美さんもその一人だった。

「何か私でも働けるところがあるでしょうか」

聞くと、若いときに事務の仕事をやった経験はあるが、結婚を機に辞め、それ以来働いたことはないという。子育て中に発症した双極性障害により働くことはさらに困難になり、今は家のことをするのもままならないようだった。

「主人が、体を壊して仕事を辞めなくちゃならなくなって、私が働かなきゃならないんです」

ご主人は心臓に疾患を持ちながらなんとか今まで働いてきたが、ついに辞めざるを得なくなったのだという。

「お子さんはおいくつですか」

私の問いに、それまでやや緊張していた彼女の表情が、ふっと和らいだ。

「6年生の息子がいます。一人息子です。翔平と言います」

よほどかわいいのだろう。和美さんはにっこりと答えた。


仕事を得ることがはじめの相談だったものの、家族の状況や和美さん自身の病気などを踏まえると、すぐに就職やその準備に入ることは得策ではないと思われた。まずは生活の安定のために収入を確保すること、居住環境を整えること、そして和美さん自身の病状の安定を優先し、支援の組み立てを探った。

「はじめは、ヘルパーさんに家のことを手伝ってもらうのが恥ずかしくて、いても立ってもいられない気持ちでした。でも、主人も私の病状を心配して、そんなこと気にしなくていいから、やってもらえって。主人は自分が働けないことに負い目を感じていて、私が外で働くことは実は反対なんです。それに、私は日中眠気と疲労感が強くて起き上がれないことが多いんです」

その後生活保護受給も決まり、和美さんへの訪問看護も始まって、一家の生活は落ち着きが見えてきた。

私は月1回程度の訪問を行ないながら、和美さんを中心に話を聞いた。だが2年ほどたち、翔平君が中学部3年になった頃から､家の中に微妙な変化と違和感を感じるようになっていた。それが何かわかるまでに、少し時間がかかってしまった。

ある日、和美さんが消え入るような声で電話をしてきた。

「馬渕さん……翔平が、言うこと聞かなくて、学校も行きたがらないんです。主人とけんかばかりして口もきかないし、ものは投げるし……」

和美さんは、話し終わらないうちに泣き出してしまった。

「今、急いで行くから、待ってて」

私は自転車をこぎながら、感じていた違和感の正体を察知できなかったことを悔いた。訪問のたびに何かしら壊れたものがあったり、きれいに片付いてはいるが絨毯の汚れがひどかったり、そのことに気づいても、それらを翔平君の様子と結びつけることができなかったのだ。

「このところ毎日、朝になると翔平が学校行かないって言い出して、主人が腹を立てて大きな声で叱るんです。すると翔平は主人につかみかかって、もう体も大きいので、私には止められなくて、布団を頭からかぶってけんかが終わるまで待ってるんです」

翔平君は、思春期真っ只中だった。ただでさえ難しい年ごろなのに、知的障害がある。発散できない気持ちや、言葉にできないもどかしさを激しい行為であらわしてしまっているのかもしれない。学校も行けたり行けなかったり、行けても教室に入れない日もあるらしい。担任からは今は本人の様子を見て、無理に登校させなくてもいいと言われていた。

「かわいく思えないんです。翔平が……。そう思ってしまう私自身もまた、いやでしょうがないんです。主人のことも、翔平を叱り飛ばす姿がとても嫌いで……。なんでこんなことになってしまったのか。私が病気にならなければこんな風にならなかったのに。このままだと、私は壊れてしまう。翔平も主人も、みんな壊れてしまう」

そこに翔平君が帰ってきた。久しぶりに会った翔平君は、見違えるほど背が伸び、顔つきも大人びてきていた。

「翔平君。こんにちは」

翔平君は何も答えずに部屋に入ってしまった。

「今日なんかまだいいほうです。こっちの顔、見てましたから」

その後は何度か、翔平君の帰る時間に合わせて訪問し、なんとか翔平君と話したいと思ったが、ことごとく空振りだった。

でもご主人とは何度か会えた。

「男の子なんてあんなもんだ。親には近づきたくもない、わかってほしくもない、そんな時期があるよ。生意気にね。でも、それがわかっていても無性に腹が立つものさ。勝手にしろってね。ただね、先生よ、あの子ほら、知的障害があるじゃない。でもせっかく学校行けてるんだし、大人になっても道は踏み外してもらいたくないし、馬鹿にされてだまされてほしくない。自分の力でね、生きていけるように鍛えるのも、親の務めなんだと思ってるよ。おれっちが体ダメだから、まともに翔平の相手してやれてなかったことも、それもあるんだよな、きっと。な、母さん」

「（いいお父さんだ）」

私は素直にそう思った。

ひたすら和美さんの話を聞くだけの日々が過ぎていった。翔平君とは話もできず、和美さんの心配は減ることはなかった。翔平君は相変わらずお父さんとのトラブルが絶えず、登校の不安定さも同じだった。幸い和美さんの病状は、訪問看護や服薬の調整のおかげで、大きく崩れることなく過ごせていた。翔平君への心配が、気を張らせていたのかもしれない。

私は私で、なかなか支援の糸口が見つからず、一人で焦っていた。

そんな時、参加したのが地域業務連絡会の相談部会だ。

私は、和美さん家族を事例として挙げ、翔平君との母子関係やご主人を含めた家族関係に、和美さん自身が苦慮していること、翔平君自身が学校へあまり行けていないことなどを報告し、意見を求めた。

すると、

「学校とは何かやりとりができているの」

「担任や学年主任とか、養護教員とか、連絡はとれてますか?」

「地域コーディネーターはどうなのかな」

など、これまで私の中になかったキーワードが、次々と示された。

「家族全員を一人の担当者が受けるって、結構無理があるかもね。お母さんを馬渕さんが担当するなら、子どもさんは別の相談員、学齢児に長けた相談員を巻き込むべきかな」

確かに私の事業所は、当時私を含めて成人期の精神障害のある人の相談・支援がほとんどで、知的障害のある中校生の支援に必要な、学校関係との支援ネットワークが薄かった。それに家族を一つと考えて相談を受ける傾向があり、親と子の相談支援員を分けて、安心して相談できる体制をつくるところまで考えが及んでいなかったのだ。

このやりとりで、私は目から鱗、目の前がぱっと明るくなった。和美さん家族の状況を、私自身が複雑に考え、相談・支援を困難なものにしてしまっていたのだ。

その後、翔平君は児童生徒の分野を主とする相談センターが担当することになった。そこは学校とのパイプも太く、すぐに学校の先生と連携しながら、双方で翔平君の気持ちを聞き取り、きめ細かい支援を始めてくれた。そのことで学校生活が楽しくなったのか、登校を嫌がらなくなり、自然に父子の関係も改善されていった。和美さんも安心して相談をかけられるところが増え、信頼を寄せていった。

「今度、お父さんと釣りに行くんだ」

「この子、案外釣りが上手なんです。この間もね、たくさん釣ってきたよね」

「お父さんよりうまいから。任せてください！」

　母子の会話に余裕と和気が満ちていた。

「ぼく、春には高校生になります」

「お、がんばりなね」

「高校卒業して、一生懸命働いて、お父さんとお母さんを助けます」

　屈託のない息子の笑顔が、母の目を潤ませていた。

3

「馬渕さんでも、目から鱗なんてことがあるんですね」

「あたりまえだわよ。でもね、この話はこれで終わりじゃないの」

「和美さんのように、障害のあるわが子との関係で悩んでいるお母さんたちってとても多いの。でも高校卒業する段階になって、初めて相談支援事業所と関わりましたという親がほとんど。本当は和美さんはもっと前から、障害のある翔平君の子育てに悩んでいたかもしれない。子どもがもっと小さい時に子育てについて相談できる人がいれば、いくらか違ったかもしれない」

「子どもの学齢が進んでくると、障害そのものに加えて、交友関係や思春期、家族、学校との関係で悩む親御さんも多いしね。そういう悩みを打ち明ける人も場所も、なかなか見つからないしね」

と、犬山さんが話に入る。

「地域業務連絡会で、和美さん親子と似たような家族のケースをいくつかやったのね。そのたびにお互いに支援方法の意見を出し合って、私のように実際に新しい支援の軸をつくることができたの。でも、それだけじゃないの。大事なのは」

「これだね」

　犬山さんが差し出したのは、落ち着いた色合いのパンフレットだった。

『みんなの窓～子育て、家族、学校、あなたの悩みを話してみませんか～』

　パンフレットにはそう書いてあった。

「和美さんたちへの支援課題は、個々に解決されることはもちろんだけど、この地域で同じような課題があったときに、どうやって支援するか、どうニーズを掘り起こすか、どういう地域づくりをすればいいかを地域課題としていこうということになったの。そこで生まれたのが、『子育て懇談会』。障害のある子どもたちを抱えた家族や子どもが、どの年齢、どのステージにいようとも相談できて、かつ支援の輪をひろげられるとりくみ。このパンフレットはその一環なのよ。相談支援事業所の役割を知ってもらうためにね」

「うちの街の地域業務連絡会みたいなものは、古くからやっているところもあれば、障害者自立支援法ができて、はじめて『自立支援協議会』を作った自治体もあってね。地域によってとりくみに温度差があるんだよね。ここはもう40年も地域の横のつながりで連絡会をやってきたけど、それでも今回の子育て懇談会みた

いに、まだまだ新しいニーズがあるわけだからね。ただ担当が集まって会議すればいいってもんじゃないね。ひところそれで苦労したよな」

「犬山さん、地域業務連絡会の事務局長だったからね。大変そうだったものね」

ベテラン二人の話は、私にはわかるようでわからないようで、やや困った顔になっていたようだ。

「そうだ、東圏域のとりくみを調べた資料、鹿崎さんがまとめたやつ……」

２０１×年６月20日

職員会議資料

東圏域の自立支援協議会のとりくみについて

鹿崎真由子

自立支援協議会は、２００６年に障害者自立支援法が施行され、地域の課題解決や支援ネットワークづくりの場としてつくられた。都道府県、市区町村単位で自立支援協議会をつくり、地域の特色を活かした独自のとりくみを行なっている。協議会の構成メンバーは当事者、関係機関、行政など障害福祉に関わるさまざまな人たちである。

「地域の特色を活かした独自のとりくみ」というと聞こえはいいが、やる気のある自治体はどんどん進み、やる気のない自治体は限りなく形骸化するという地域間格差が表れやすく、また国からの財政的な裏付けもない。

しかしせっかく当事者、関係機関、行政が同じテーブルで話せる場ができたのに、形骸化させるのはもったいないと、がんばってとりくんでいる都道府県、市区町村もたくさんある。なかでもＳ県東圏域では自立支援協議会の制度ができる前から、地域ネットワーク「障害児（者）サービス調整会議」

をつくり、行政と一緒に当事者の支援を手厚くやってきた。現在の自立支援協議会はその会を前身とし、名称もそのまま活動を続けている。

そこでは警察官の「障害のある人について・障害のある人の生活について」の理解をひろげることを目的に「生活安全部会」を立ち上げた。

部会を立ち上げるきっかけとなった出来事がある。

知的障害のあるAさんが近所を一人で散歩していた時、警察官が見つけて声をかけた。Aさんは散歩のときに石やゴミを拾っては道路わきへ投げ捨てる行動があるため、警察官には不審な行動に映ったようで声をかけたのだ。びっくりしたAさんは走って住んでいるグループホームに逃げようとした。警察官はAさんを追いかけてホームにやってきた際に、ホームの管理者から障害があることを告げられた。そこへさらに応援の連絡を受けた警察官が2名やってきたのだが、そのうちの一人が、「なぜ施設で生活をせず街中に住んでいるのだ?」と話した。当然、管理者は、警察官の発言に対して抗議をしたが、警察官は自分の話していることが、重大な差別発言であることに気づいていない様子だった。

この出来事がサービス調整会議に報告されると、相談支援員から他にも警察官の対応に絡む事例がいくつか報告された。なかには障害者手帳を知らない警察官がいた事例も報告された。それを受け、「生活安全部会」が立ちあげられることとなったのである。

生活安全部会では、活動として①警察との意見交換、②警察と共同で職務質問のロールプレイの実施、③SOSカードの作成を行なうこととなった。会議には地域の警察署から生活安全課の警察官に参画してもらい、作業所で「生活安全学習会」を開催した。

その企画を進めるなかでは、警察官の障害理解だけでなく、障害のある人も正しく警察業務を理解していないのではないかとの意見があった。「悪いことをすると警察に捕まるよ」と言われてきた障害のある人もいることから、声をかけられた際にすぐ逃げてしまったり、過剰に反応してしまうことがあるのではないかということである。

生活安全学習会当日は、警察官が、会場である作業所を、障害のある人の生活の説明を受けながら見学したり、職務質問のロールプレイを障害のある人と一緒に行ない、ＳＯＳカードの使い方などを実際に体験した。参加者からは「とてもわかりやすかった」「逃げなくていいんだ」との感想が聞かれ、またマスコミを通して学習会を知った家族からは、「ＳＯＳカードがあるなら安心できる」などの感想を聞くことができた。

このように、地域の行政や支援機関と協力し、障害のある人が安心できる地域をめざして少しずつとりくみを進めている地域がある。

※東圏域の「障害児（者）サービス調整会議」は近畿地方のある圏域での実例を参考にしています。

犬山さんがくれた鹿崎さんのレポートを読んでいると、

「同じことをこの地域でやればいいってもんじゃないことはわかるだろ」

「はい。なんとなく……」

「これは東圏域という地域の課題を解決するための、東圏域のための活動。安心して生活できる地域をつくるためには、うちの街に住んでいる人が何を感じて何に困ってどんな生活を送っているのか知らなきゃならない。それを知ってもらって、よりよい施策や制度、地域づくりに活かすとりくみが必要だと思うの」

「地域づくりですか…」

「ある一人の生活から、地域の問題点を明らかにしていくこと。自立支援協議会とか、うちの街の地域業務連絡会はね、そのためにもとても大事な会議なの。わたしたちが相談員として出会ったたくさんの願いをみんなに知ってもらうこと。その解決方法をみんなで探ること。そして相談員は地域の中にみんなの願いを発信して地域の理解をひろめていく大事な役割があるのよ」

確かに私も福祉の仕事をするまで、障害のある人たちのことはよく知らなかったなと、今になって感じていた。

「(『地域づくり』か……。障害のある人やいろんなニーズを抱えた人たちが住みやすい地域って、これという答えはないのかな。自分たちがそれをつくる一翼を担うってことかな)」

窓から外を見た。秋の空はいやに高く見える。

私は大きく深呼吸をして立ち上がった。

「気合が入りすぎだね」

私を見て、馬渕さんがニヤニヤしていた。犬山さんはいつの間にか電話をしていた。

今日も1日が始まろうとしていた。

第五話　舞う雪

1

街路樹には無数の光があふれ、きらびやかに聖夜を演出している。日本というところは実に不思議ですごい国だ。クリスマスが終わった途端、たった一晩で街はお正月モードに早変わりする。

でも相談の現場にいると、そういう世間とは隔絶したまま、ひっそりと年を越す人たちがたくさんいることがわかる。

1年前、私がこの現場にいることなど考えてもいなかった。去年は彼や家族と普通にクリスマスを過ごし、仲間と忘年会をし、正月を過ごした。今年も街の灯は何も変わることはないのだけれど、相談・支援の仕事で経験したたくさんの人たちとの出会い、利用者さんやその家族、先輩職員との時間が、私の意識を変えている。

とはいえ、やはり年末は忘年会。

今日は近隣の支援センターの相談員さんとか病院のワーカーさんとか、相談を生業にしている仲間がうちの事務所に集まってきた。

「だいたいそろったかな。じゃあ、1回目のかんぱーい。今年もおつかれさまぁ！」

犬山さんの音頭で、にぎやかな宴が始まった。

こういう時でも、やっぱり仕事の話から離れられないのは、性としか言いようがないのかもしれない。と

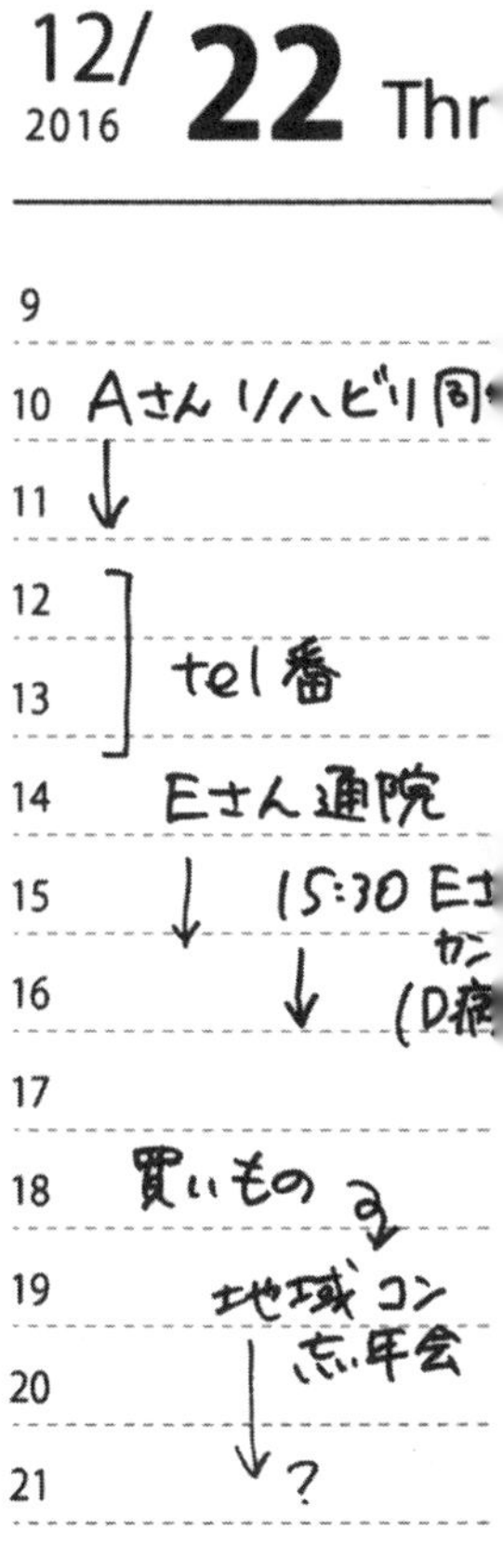

くに今日は自分たちの仕事場での宴会だから、他人の耳を気にせずに話し込める。

「そういえば、熊川さんとこの『結びかかわり支援』はどんな感じ？」

「少しずつだけど、支援につながる人が増えてきたように感じてます」

「へぇ。でも確かに就労支援現場でも、最近は手帳とか持ってない人多いしなぁ。話聞いたり情報を集めていくと、前に福祉課に相談してる人や他のセンターで相談したことがある人も多いよね」

「あの……。結びかかわり支援って何ですか。あ、ここのセンターの吉田といいます」

以前の私なら、黙って聞いているだけで、わからなくてもそのままにしていたかもしれない。初対面の人にそんな質問をしている自分に、ちょっと驚いた。

「あー吉田さんは知らなかったね。結びかかわり支援は熊川さんのセンターでのとりくみでね。社会から孤立した人を作らないために、相談に来るのを待たないでこちらからどんどん積極的に支援の手を届ける事業なんだよ」

「ひとりぼっちになってる人に声をかけて、必要な相談や福祉サービスにつながるまでの支援をしているの。私、熊川といいます。よろしくね」

「こちらから押しかける感じですか」

私ってばなんとまあ、失礼な物言いをしたものだ。

「アハハ。そうそうそんな感じよ。相談するって結構勇気のいることなのよね。だって自分のプライベートのことを話すわけだから。それに、日本は個人責任・家族責任主義があるでしょ。だから困っていても我慢してしまう人が多いの」

相談するのは勇気のいること、その言葉が印象に残った。

「結びかかわり支援はね、なんといっても入り口を見つけることが一番大事で大変な仕事。いや、見つけるよりつくるかな。とにかく支援が必要だと思われる人が、みんな入り口を持ってるとは限らない。入り口が塞がっていて見えないことも多いのよ。逆に入り口が見えていても、遠回りしなきゃ行けなかったり、入る前に断られたりね、いろんなケースがあるのよ。入り口を間違えることもね」

「入り口……ですか」

「そう。ただね、入り口っていうのは支援者側の見方だから、それが正しいとばかりは言えないわけ。そこが難しいんだよね」

軌道に乗った相談を引き継いだり、相談者が自分から出向いてくるケースしか知らない私には、今ひとつイメージがつかない。

「ここのセンターにもかかわりがあると思うけど、たとえば、わかば台団地の相田さん。あの方って、一応つながってるようで、実は何も支援が入れてなかったの。かれこれ10年ぐらいになるかしら」

「相田さんって、時々電話してきて、今の自分のこと話すだけで、電話切っちゃう人ですか」

「そう、似たような電話をほとんど毎日あちこちにしているわ。だけどね、彼はどうやら知的障害があって、わかば台団地にお父さんとお兄さんと一緒に住んでるぐらいしか、実は最近までわかっていなかったの」

2

初めて相田さんという人から、市の窓口に電話があったのが10年ぐらい前だという。

「息子が知的障害で働けなくて困っている」

どうやらお母さんからの電話だったようだ。

市の担当者は日と時間を決め、自宅に訪問する手筈をとった。

だがワーカーが約束の日に訪問したものの、自宅には誰もいなかった。

その後何度か連絡を試みたが、結局音信不通になった。

相田さん本人から熊川のセンターに電話があったのはその2カ月後のことだ。

「相田といいます。相田誠一。働くところを探しています」

きちんとした受け答えのなかに、こちらに対する警戒感が漂う。

「わかりました。相田さんが早く働けるように、もう少しお話を聞かせてください。明日かあさって、都合のいい時間に会えますか」

約束を取り付けた熊川だったが、結局会うことはできなかった。センターのポストに『もう行きません。さようなら』という手紙が入っていた。熊川は、どこで彼がセンターの連絡先を知ったのか、なぜわざわざ手紙を入れに来たのか、ふと不思議になった。しかしその後も連絡は途絶えたまま、時間が過ぎていった。

さらに2カ月後、熊川の同僚が興味ある話を聞いてきた。

「わかば台の公民館にね、このところ知的障害があるらしい男性がしょっちゅう来て、受付の人と長々しゃべって帰って行くんだって。その人、相田さんっていうらしい。相田さんって、前に熊川さんが会えなかった人もそんな名前だったよね」

困ればまた相田さんの方から連絡が来るかもしれないと思い、とりたてて積極的には連絡を取っていなかった。だが顔も知らなければ素性もよく知らないままだった。熊川は淡い期待を抱いて、わかば台公民館に向かった。

「昨日さあ、お父さんと兄さんがけんかしちゃってさあ、お父さんけがして病院行ったんだよね。大変なんだよ、うちって」

公民館の受付で、大きな声で話している男性がいる。

「(きっとあの人が相田さんだわ)」

熊川は相田さんが帰ったところを見計らって、受付の人に尋ねた。

「そうですよ。相田さん。せいいちさんって言ったかな。その団地の人らしいけど。1カ月ぐらい前かな、来始めたのは」

公民館の受付の人は、みんな優しく相田さんの話を聞いてくれて、結構親しくなりいろんな話が出るらしい。

「今のところ公民館の業務に差し障りが出てるわけでもないし、忙しいときはごめんねっていうと素直に帰りますから、何か特別なことがなければこのままでかまいませんよ」

館長が寛容なところを見せてくれて、熊川は安心した。

「(何とはなしに話を聞いてくれる人がいいのかしら)」

あらためて話を聞こうとすると避けられてしまうことは、熊川のセンターに限ったことではなかった。市とのやりとりの中でそれを知った。今回も同じ轍を踏むことだけは避けたいと思ったが、案の定、熊川の名刺を受付に預け、相田さん本人に渡してもらったところ、今度は公民館にも顔を出さなくなってしまった。

その後、相田さんは、市内のあちらこちらの相談窓口に電話をし、自分の今の気持ちや体調、家族の様子などを話すだけ話して電話を切るということをくり返すようになった。職員が帰るところをつかまえては、立ち話をするようになっていた。いつの間にか相田さんは、市内の相談機関の相談員の名前を覚えて、親しくなっていった。しかしやはりあらためて会おうと持ちかけると、しばらく顔を見せず連絡が取れなく

なる。

会話の中身は脈絡のない話もあれば、心配な状況と思われる話もあるし、片や信憑性が疑われる話もあって、なかなか本筋がつかめない。そういうやりとりをくり返すうちに、相談窓口側にも『またか』という空気が流れ、結局何の支援の手も入らないまま数年があっという間に過ぎてしまっていた。

ただ、相田さんに関して、市内の相談機関で可能な情報を共有しようと熊川が提起し、相談員同士の横のつながりで不定期に情報交換を行ない始めていた。

このことが、後の支援につながっていく。


いつもと同じ時間に、相田さんが電話をしてきた。

「相田です。熊川さん。お父さんが入院しちゃって働けない。だからご飯食べられない」

これまで似たような話は何度もしてきた。だがこの日は違った。声に力がない。

熊川は直感的にこう口にしていた。

「これから一緒にご飯食べましょうか」

「うん。お願いします」

その日、初めて相田さんと熊川の待ち合わせが実現した。

ファミレスの隅の席に座り、熊川はメニューをめくった。相田さんはさっきの電話の声とは別人のように明るくはきはきと注文している。

「アイスも食べていいかな」

相田さんが熊川の顔をのぞき込むように言った。

「(このリラックスした顔、初めて公民館で見かけたときの顔だわ)」

相田さんはその日以降、頻繁にセンターに顔を出し、熊川やほかの職員と話をするようになった。公民館での失敗を踏まえると、じゃあといって相談室で話すよりも、今は顔をつきあわせながらとりとめもない話を聞くことが大事だろうと職員間で共有し、相田さんに安心してもらえるように努めた。

その中で、父親の入院が長引いていること、母親は数年前に急死し、今は父と兄と3人で暮らしていること、仕事で兄が帰って来ない日もあり、お金も持たされていないため食事がとれないことがあるなど、日常生活の様子がだんだんわかってきた。

同じ頃、市の障害福祉課が、相田さんの兄に連絡をとっていた。熊川のセンターから、相田さんの生活状態の悪化が懸念されることが情報として提供されたからだ。いわゆる「ネグレクト」が心配されるため、市は兄に何度か訪問を申し入れた。が、電話口で「今は話す余裕がない」と跳ね返され、取り付く島もない状況だったという。

やがて父が退院したらしく、相田さんもほっとした表情をみせていたが、それからまもなく、相田さんはどこにも顔を出さなくなり電話もしてこなくなった。再びこちらからの連絡も取れなくなった。

ある日、全く想定していなかったルートから、相田さんの情報が熊川のセンターに飛び込んでくる。配食サービスの会社からだった。

「相田さんのお宅に集金に伺ったら、息子さんが出てきて、お金ありませんって。それしか言わないので困っていると、息子さんの方から、ここの熊川さんの名前が出たもんで。払ってもらわないと来週からお届けできなくなるんですよね」

相田さんの家で何が起きているのか。とにかく今お金がなくて、食事代も払えないことに間違いはない。熊川は、日頃から相田さんの情報を共有している主な機関すべてに連絡を入れ、早急に集まって対応を検討することにした。

だがお互いに把握している情報に新しいことはなく、突き詰めると相田さんの家庭状況はほとんどつかめていないことがはっきりした。

「今、相田さんが一番気持ちを開いているのは、熊川さんですね。ここは熊川さんに自宅を訪ねてもらって、相田さんの口からできる限りの情報を集めてもらうしかないですね」

熊川はいつか行ったファミレスで相田さんに会った。少し痩せた相田さんは、ほっとした表情をのぞかせながらも、心配事を隠せない顔つきだった。

「お父さんは病院から帰ってきて寝てることが多くて、兄さんは今、仕事でいないんだ」

そう言ったきり、相田さんは黙り込んでしまった。

「相田さん、無理に話さなくてもいいよ。でも、お父さんも困ってるのかな」

「お父さん、もううまくしゃべれないから。脳梗塞だから」

「家のこと、べらべら外でしゃべるんじゃないって言われてた。おまえしゃべっただろうって、すごく怒られる」

そう言うと相田さんは泣き出した。

相田さんは、『相談』を求めていたのではなく、助けてほしかったのだ。ずっと始めからそう思っていたのだと、熊川はこのとき初めてわかった。

3

「そのあとも苦労したけど、やっとといろんなことがはっきりしてきたの」

「最初に電話してきたお母さんは、市のワーカーさんが訪問する3日前位に倒れて、急に亡くなっていたんだったね。お母さんもお父さんに隠れて、こっそり市に電話していたのかもね」

「家の中のことを他人に話したくないっていう家族は少なくないから、接点をさぐるのが難しいよね」

相田さんのことを知っている人たちが、口々に言う。

「相田さんのお父さんは昔気質でね、家の恥をさらすなと誠一さんの障害を隠したかったらしいのよ。後からお兄さんが話してくれた。お兄さんは長距離トラックの運転手で、そりゃあ仕事で帰れないことは多くなるよね。でも、お金に困ったことはなく、実際には家にお金がおいてあったんだけど、相田さんが使えなかったということなの」

熊川さんが続ける。

「お父さんは脳梗塞は小さかったけど、言語障害と右半身に軽い麻痺が残った。でもなんとか自分のことは自分でできるから、お兄さんも特別なことは考えていなかったらしいけど、配食サービスだけは利用していた。ご飯は大変だしね。お兄さんは仕事柄、生活のパターンが通常と違ってるから、市に相談に行こうにも行けないし、電話が来たときもちょうど寝ていたときで、ぶっきらぼうな応対をしてしまったと、後から反省しきりだった」

相田さんには、お父さんも含めて必要な支援の組み立てが、今検討され始めているという。将来の誠一さんの生活も考慮し、お兄さんとの話も進んでいる。

「母が急に亡くなった上に父まで倒れてしまって、誠一をどうすればいいのか、正直わかりませんでした。そのままにしておくつもりはなかったけど、一体誰に話したらいいのか……。熊川さんのことは誠一から聞いていました。でも仕事もあったし、タイミングを逃しちゃって……」

お兄さんもまた、『相談』先を見つけられず、助けを求めていたのだ。

この相田さん一家にまつわる事例が発端となり、「結びかかわり支援」のしくみが始まった。

鹿崎さんが会話の輪の中に入ってきた。

「考えてみるとわたしたちの先輩たちは、みんなつながっていない状態から、障害のある人たちのことを把握しようとしてきたのよね。地域の障害のある人たちの実態を、一軒一軒訪ね歩いて、何に困っているかを聞いて回ったの。そこから『働きたい』って要求を掘りおこして、共同作業所ができた。それが全国にひろがった。今でこそいろんな資源があって、いろんなアンテナが張られているけど、先輩たちはそのアンテナを、一つひとつ手作業で地域に張っていったんだと思うわ。だから、わたしたちの相談の原点もそこにあると思うのよ。できあがったシステムの中で、窓口に来た人の話を聞いて言われたとおりのことをすることだけが本人主体の相談じゃないのよ」

「そうだね。この結びかかわり支援は特別なしくみではなく、あたりまえのスタンスを目に見えるようにしただけなんだね。『新しいニーズを掘りおこす』ってよく言うけど、問われているのは個々の事例が発信してる問題を、地域の課題にどうやって社会化するか、そしてどうやって行政のしくみに持っていくか、そこに横たわる国の施策の問題点をきちんと理解しているかだし、それがわたしたち現場の相談員にも、実は求められるよね」

「お、犬山君、たまにはいいこと言うじゃやない」

「吉田さん、ぽかんと口開けてないで飲みなさいよ」

私のとぼけた顔がよほどおかしかったのか、その場が大笑いになった。

「お、馬渕さんも戻ってきましたぁ。じゃあ、2回目の乾杯しまーす。今年もおつかれさまぁ」

外に出ると、ちらちらと白いものが舞っていた。

「今年ももうすぐ終わりか」

舞い落ちてくる雪を見上げながら、一人でつぶやいた。

いつもながら、先輩たちの迫力には圧倒される。機動力があり、嗅覚に優れ、視野が広い。

最近の私は、なんとなく自信を失っている。このままやっていけるだろうか。先輩たちのようになれるだろうか。

自問自答の日々が続いている。

ゆらゆらたよりなく降る雪が、ジャケットにくっついてふっと消えていく。

「(私の経験も知識も、積もることなくたよりなく消えていってるのかもしれない)」

ポンと肩をたたかれた。

「吉田さん、次いくで、カラオケいくで。うわー雪。寒いはずや」

2018×年5月8日
法人職員研修資料
「結びかかわり支援」のとりくみについて
熊川さゆり

(1) Z市が「結びかかわり支援」のとりくみをはじめたきっかけ

どの地域でも相談機関に「相談」があったときに、福祉サービスを利用していなかったり、必要な支援につながっていない事例は少なくありません。障害のある人の抱えている不安や問題の背景をみていくと、障害によっておこる困難に加えて、社会の中で生きにくさを抱えながら地域の中で孤立している実態に直面します。そして問題が大きくなってから相談につながったという事例が絶えず寄せられます。

しかし「孤立していた」といっても、「10年前に、市役所に相談に行ったことがある」「精神科には通院していたが、それ以外はずっと家にいるので家族と衝突している」「作業所に通っていたが、やめてから家にこもりがちになっている」など、つながりがまったくなかったわけではありません。そんな時、Aさんのことを知りました。Aさんとのやりとりを通して、困っていたことや不安を受けとめる支援がなく、「もう、相談はいいや」とあきらめている人たちが地域に埋もれていないか、そもそも相談につながっていない人たちを掘り起こしていくとりくみが必要ではないかということが検討されました。

わたしたちにできることは何か、自分たちでこの地域を変えていくことができるか、地域にさまざまな「芽」をつくること、そんなとりくみができないか、市の担当者と話し合いを進めてきました。そして支援センターと市の担当者で、これまで相談があったものの必要な支援につながっていない人や、孤立しがちな人たちを抽出し、現状と必要な支援を再度検討することになりました。1年目には147事例が市内で抽出されました。

(2) 147事例の実態～支援を届けること、孤立させないしくみ

抽出された147人の実態をみると、精神障害のある人が5割を超え、知的障害のある人が約3割となっています。また30歳以上が約7割、家族同居が約8割となっており、家族に介護や経済的な負

担も含めて依拠した生活状況にあることがあきらかになりました。さらに過去に作業所など支援につながっていたことがある事例は約6割でした。「〃他の人には迷惑をかけられない〃と家族だけで介護をしている」「精神科の治療が中断している」「住民が心配している」「精神科の通院だけは継続しているが、自宅はごみ屋敷状態」などさまざまな実態があります。

初年度は、その中から各区から1事例ずつえらび、訪問等をすすめました。その結果、福祉施設を休みがちになったり退所した人たちの多くは、その後家族だけでその人を抱え込んでしまうという事態になっていました。行政や支援機関がその人や家族の様子を把握することができずにいたのです。また、学齢期にいじめや不登校など傷ついた体験をしており、その後就労もうまくいかない、精神科の受診が途切れているなど、人とつながっておらず、傷ついた体験だけが積み重なっている人もみられました。そのため他者を信頼すること、支援につながる意欲を奪われる環境におかれ、家族だけで抱えこまざるをえない、孤立している実態がありました。

（3）とりくみから見えてきたこと

「結びかかわり支援」のとりくみで、約3割の方が継続的な支援や福祉サービスの利用等につながりはじめました。障害者手帳の更新など事務手続きが必要なときに、通常は区役所の窓口で申請をすればよい場合でも、あえて支援課から訪問を打診してみるなど、「ちょっとしたきっかけ」を逃さずに、実態やニーズをつかむ機会をつくっています。また、本人に直接アプローチをするだけではなく、世帯（家族）に対する支援を地域包括支援センターと連携してとりくみ、かかわるきっかけをつくることができた事例もあります。しかし、約7割の方はまだ具体的な支援につながっていません。支援を受けることに拒否的であるため、どのように関わっていくか悩み、手探りの状況が続いていますが、

※Z市の「結びかかわり支援」は、人口100万人規模の政令指定都市での実例を参考にしています。数値はこの資料策定当時のもので、最新のものではありません。

その営みを継続させていくことが必要なのだと思います。

これまで「困っていることはない」と言われた時に、「困ったらいつでも来てください」と、決まり文句のように応じていたことも事実でした。でもこの言葉かけは、自分が困っていることに気がついていなかったり、あきらめてしまっている人にとっては、「もう相談に行かない」と思わせてしまうキーワードになりかねません。わたしたちの対応によってあらたに孤立する人たちを出さないこと、その姿勢を大切にしたいと考えます。

第六話　夕影の山並

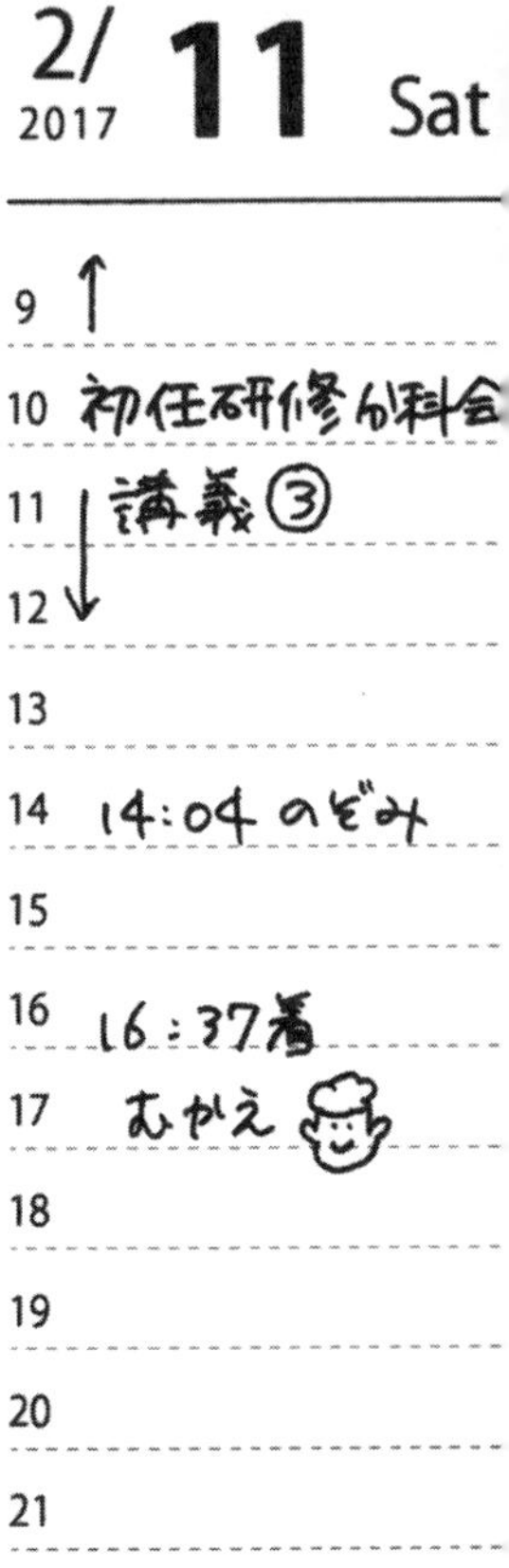

1

「何ぼんやり考えてるの？」

「あ、ごめん。別に」

　私の生返事に、彼が『またか』という表情をする。

「また仕事のことだろ。もういい加減腹くくれば」

「うん……」

　この仕事を続けられるか、正直悩んでいる。仕事はおもしろい。やりがいもある。職場の雰囲気もすこぶるいい。だけど、自分に積み重ねられているものが果たしてあるのか、年月を経ていけば先輩職員たちのように動けるようになるのか自信が持てない。

「仕事には満足なのに自信が持てないというのは、最後には自分自身をどう変えられるか、かな。仕事の相手がおれと春花とは違うから、なんとも言えないけどね」

　彼の言葉と、もやもやした気持ちを抱えて、私は東京で行なわれる研修に赴いた。

　2月の東京は案外寒く、乾いたビル風が体に突き刺さる。

　相談従事者初任者研修は1日目の講義、2日目の演習も終わり、今日が最終日となった。

耳にする話、目にする資料すべてが新鮮で、この仕事の奥深さを痛感する。自分の地域や圏域のことしか知らなかった参加者は、お互いに情報を交換し共有し、地元に戻ってからの糧にしようと必死に学んでいる。そんな仲間の姿を目の当たりにしても、私の気持ちはどこか満たされなかった。

いよいよ最後の講義が始まった。

2

猫堀暁子です。長野県から来ました。今日は当事者として、そして同じ相談・支援に携わる仲間として、お話をします。

東京に来る前、とても象徴的なことがありました。

私の勤務する地域活動支援センターを、3年ぶりに訪ねてきた女性がいました。Aさんです。彼女はしっかりとした自分の意見を言う方で、ご主人と二人でよく絵画教室に来ていました。夫婦漫才のようなお二人は、明るく朗らかで、そこにいるだけで周りが楽しくなる方たちでした。

でも、この日いらっしゃったAさんは、その影もなく暗く沈んでいました。

「主人が亡くなりました」

彼女は涙を浮かべながらそう言いました。

「でも、亡くなったのは1カ月も前のことだったんです。私には知らされていませんでした。昨日知らせがありました。私は悲しくて苦しくて、辛くて仕方がない。主人が亡くなったのは病気だからしょうがありません。でも亡くなったことを1カ月経った昨日知らされたんです。主人が亡くなる前に知らせて欲しかった。

お別れを言いたかった。それが悔しい。私が精神障害者だから、支援者たちは私が自殺しては困るからと、教えてくれなかったんです。酷いよね。私自殺なんかしない。ちゃんとお別れがしたかった」

Aさんは何度も何度もそうくり返しました。

2年前、Aさんは糖尿病からくる脳梗塞で倒れ、命の危機にありました。病室で頭を包帯で巻かれ、ようやく目を薄く開けられる状態で、ほとんどその時のことは覚えていないそうです。Aさんを見舞って欲しいとご主人が電話をくれました。ご主人の存在のおかげで、Aさんは見事に回復しました。残念ながらその後、事情があって、二人は別々に生活をしてきました。でもそんなきずなの深い二人を、最後のお別れの時にさえ引き裂こうとする。障害があるとかないとか、関係ありません。Aさんの悲しみとやり場のない思いが私の胸を突いてきます。

Aさんとご主人は障害者としてしか見られてこなかったのです。みなさん。大切にすべきことはなんでしょうか。

障害者である以前に、わたしたちは一人の人間なのです。支援者としても配慮があったとは思いますが、本人の気持ちや願いも大切にしてほしいのです。

わたしたちが長野市精神障害「当事者ポプラの会」を立ち上げたのは、13年前のことです。当時の県障害福祉課課長さんが作業所を訪れて、当事者にとって必要な施策について聴き取りをしてくださいました。その熱意に触発されたのが今の会長です。当事者の会を発足させる気持ちに火が付いたそうです。準備会では

10カ月かけて規約やどんな活動をするか話し合いました。

その過程で「精神保健福祉手帳をもっていても、もっているメリットがない」「手帳で美容院代が割引にならないかな」「長野電鉄の運賃が高いけれど、私鉄もＪＲも手帳の割引がないから、ぜひ割引を実現させてください」――ポプラの会には、当事者のみなさんからたくさんの要望が届きました。

とくに鉄道の割引については、大きなとりくみになりました。沿線の作業所一つひとつに電話をかけ、手帳保持者の数を調べたり、会員や沿線に住む当事者にアンケート調査を行ないました。「運賃が高く働いた工賃よりも上回ってしまうことがある」「親戚や会いに行きたい人がいても、交通費がかさむのでやめてしまう」「通院するのも控えてしまうことがある」という結果が出ました。ですが長野電鉄は、「ＪＲが割引していないから」と要望を聞き入れてくれません。そこで県全体で運動しようと、「長野県障がい者の地域交通網を考える会」をつくりました。

この会は精神障害当事者だけでなく、障害のある人の社会参加を促進する趣旨に賛同してくれる、15団体で構成されました。代表と事務局はポプラの会が務めました。長野県障害者運動推進協議会、県社会福祉士会、県精神保健福祉士協会、県手をつなぐ育成会、身体障害者福祉協会、家族会、きょうされん長野支部等が連携して運動してきました。

長野電鉄への要望から2年後、長野県に陳情・請願をしました。ちょうど、障害者自立支援法が施行された頃でした。精神保健福祉手帳の交通機関の割引がないのは、精神障害者に対する差別であるとし、署名・街頭署名を行ないました。そして1カ月で1万５１７６筆を集めました。わたしたちは県議会各会派を回り、県議会議長・県知事にも陳情・請願を行ないました。そしてついに県知事が第三セクターの運賃割引を示唆、しなの鉄道にも要望を申し入れ、半年後に運賃割引がようやくかなうことになりました。わたしたちにとって、この動きは、運動の大切さと可能性を強く感じさせてくれる出来事になりました。

２０１４年の精神科病棟転換型居住系施設問題を知っていますか。東京・日比谷の集会では、全国の当事者、支援者が反対を強く表明しました。実は私も長年、精神科病棟に入院して隔離収容された経験があります。そこには絶望しかありませんでした。それは私自身の責任であり、家族も本人と家族の責任と捉えていました。

しかしこの問題は、障害のある当事者や家族に帰するものでは決してなく、社会や国の政策にその根源があるのです。何ら治療もなされず、社会的入院を余儀なくされている精神障害のある人たちは、日本で約8万人とも10万人ともいわれ、退院してもその8割は高齢化による死亡退院となっています。病院に入っている人たちは、自分の人生をどう思って生きているのでしょう。それすらも分からなくなっている状況は恐いと思いますし、入院されている方のことを思うと、胸が張り裂けそうです。精神障害のある人たちへの国による明らかな差別です。

わたしたちは早速、「私たちも病院ではなく地域で暮らしたい信州ネットワーク」を立ち上げました。たった1カ月の署名活動で、２０１５年9月に県庁で記者会見、陳情・請願を行ない、10月には県議会で施設建設反対の趣旨が採択され、国に意見書が提出されることになりました。県の健康福祉委員会では責任の重さから緊張して膝をガクガク震えさせながら発言しました。「わたしたちは、地域で暮らしたい。病院の中に施設をつくって、見た目だけの地域移行を進めるのではなく、本当に地域で暮らせるようにしてほしい」と。

精神科病棟に入院していた人は、最初はみな、「退院して自由になりたい」と願います。しかし、病院の中では、それをあきらめないと生きていけません。あたりまえのことが、あたりまえではなくなるのです。鍵がかけられ、社会とも断絶させられます。何も罪を犯していないのに、牢獄に入れられているようなのです。孤独と不安と恐怖。「このまま私は一生をここで終えるのか」「人並みに結婚もできないのか」「友達や家族にも会えない」そんな絶望が病気を悪化させ、生きる意欲を低下させます。人間としての尊厳は辱められ、自分が人に必要とされる人間などとは露とも思えないのです。

しかし、退院して地域で暮らせるようになると、その真逆の生活となります。自由があります。もちろん苦労したり葛藤することも多いけれど、好きな人と会える、おしゃべりもできる、失敗してもやり直せるチャンスをもらえます。鍵は自分でかけ、生活のやりくりはあるけれど、自分で工夫して好きなものを食べたり、部屋も片付けられます。空を見上げて、土を踏んで歩き、陽射しを浴びて身体の疲れを感じます。人間関係で悩みながらも、友だちが相談にのってくれたり、ただ話を聴いてくれるだけでも元気をもらえます。自分も誰かのために少しは役に立ちたいと思って、がんばって働きます。働いて生活費を稼ぎます。家族とけんかもするけれど、友だちと気まずくなっても、お互いに「どうしたら良いのか」と考えて、仲直りします。

そんな「あたりまえ」のことをずっとやっていきたい。

障害のない人たちが「あたりまえにできること」を、障害のある人も「あたりまえにやっていい」、そんな社会になるように合理的配慮をしていくことこそが、障害者権利条約にある「差別のない社会」なのではないでしょうか。

「その人らしく生きられる」ために「何が必要」で、「何があれば願いがかなうのか」を考えることが大切だと思うのです。

2016年7月26日、相模原市津久井やまゆり園で凄惨な事件が起きました。犯人は、「障害者は生きていても価値がない」と、次々に入所者、支援者に対して非道な犯行に及びました。被害に遭われた方々、ご家族の悲しみを思うと胸が張り裂けそうです。そして障害のある人たちに対する差別、偏見、優生思想のような考え方をもつ被告に、激しい憤りを感じずにはいられません。

でもふと、そうした差別や偏見のようなものは、実は自分自身の中にもあることに気づきました。ここ数年、「当事者会、がんばっていますね」と周りから評価され、それが励みになっていました。でも、「当事者だからこそ、がんばらないと認めてもらえない」とか、「精神障害があっても、これだけできるんだ」という思いが徐々にエスカレートしていきました。睡眠も十分とらずに、私生活を犠牲にしてまで仕事をすることに誇りとよろこびを感じていました。一方で次第に精神的にも身体的にも不調をきたすようになりました。そして他のスタッフにも「もっと仕事をして欲しい」と不満をもつようになりました。そのことが辛くなったスタッフも体調を崩し苦しみました。仕事を優先させるあまりに、仲間に対して仕事ができるできないでのみ評価し、仕事が進まない仲間を責め、傷つけてしまいました。私は無意識に仲間を差別し、偏見をもっていたのです。「こんな私が今の仕事をしている資格はない」と自分を責めて、当事者会を辞めたいと思ったこともありました。

しかし、体調が回復するにつれ、「当事者だから気づくこと、社会に訴えることを大切にしよう」という、当事者会を始めた原点と願いを思い出しました。健康を害してまでする仕事に意味はないことに気づきました。今後も自分たちの役割を果たしていきたいと心を新たにしています。世の中にある差別や偏見だけではなく、自分の中にもある差別・偏見と向き合う勇気も必要なのだと思います。

私は、障害者運動に関わるようになり、社会の動きや施策・しくみ・制度は、見えない形で実は深くわたしたちの生活に関わっていることを知りました。そしてわたしたちの権利は、決して特別なものではなく、障害のあるなしに関わらず普遍的なもので、それを自分たちのこととして学び、運動する大切さを知るようになりました。また法律や制度を含め、さまざまな重大な事実が、当事者が知らないところで、知らないうちに進められています。当事者も「知る」「気づく」ことで、自身が変わり得るのだと思います。それは自分の尊厳が保てない状態から、自身と他者への愛に変革していくものなのではないでしょうか。私も運動に参加する過程で、自分の誇りを取り戻すことができたと、心から嬉しく感謝しています。「私たち抜きに私たちのことを決めないで」という思いをもって、力をあわせて運動していきましょう。

ご静聴、ありがとうございました。

一瞬の静寂のあと、大きな拍手が会場を包んだ。

私は、猫堀さんを見ていた。

凛としたその姿に、私は拍手をすることさえ忘れていた。

3

「仕事、悩んでるんだって?」

鹿崎さんが、隣の席からいきなり聞いてきた。

「……」

帰りの新幹線、研修のファシリテーターとして参加していた鹿崎さんと一緒になった。

「犬山さんが言ってたわ。あ、わたしたち守秘義務違反してるわね」

「いえ、あの……」

「悩みは人それぞれ違うものだけど、この仕事は必ずといっていいほど、どこかで悩むようにできているのよね。きっと」

私は鹿崎さんの問いかけには答えず、ぼんやり窓の外を眺めていた。

「私もね、いや、ほかのみんなもそう。一生懸命やっていくうちに、見失うのよ」

「見失う……ですか」

「そう、障害のある人への相談・支援がわたしたちの仕事、そう思い込むあまりに、仕事をこなすことが目的になってしまう。そこに落とし穴がある。こなした仕事が、障害のある人の今の生活の営みを助けることにはなるかもしれない。でも、それがその人らしく生きることにつながっているかと言えば、必ずしもそうじゃないこともある」

「その人らしく生きること……ですか」

「猫堀さんもいってたでしょ。『その人らしく生きられるために何が必要で、何があれば願いがかなうのかを考えること』って」

「『自分らしい生活を送りたい』という誰しもが願うことが、『特別扱い』と言われたり『自己責任』と言われたり。でも決して特別なことを望んでいるのではなく、社会が障害のある人の人権を保障していないから、あたりまえの生活がおくれないから、わたしたち相談員がいる。

障害のある人を知ることは、社会のことを知らないといけないし、社会に知ってもらわないといけない。そして社会を変えていかなければいけない。決められた制度の枠の中だけで仕事をしていれば、それはそれで済んでしまう。相談のノウハウもちょっとずつ蓄積されてきてる。でも、それだけではいけない。

それに気づけるかどうか、そこなんだと思うわ……」

先輩たちに支えられて、この1年近くいろんなことを学んできたはずだった。でも『相談』とはいったい何なのだろうと考えるあまりに、どうやったらうまく仕事ができるんだろう、どうしたらいい相談員になれるんだろうと、そればかり考えるようになっていた。

「吉田さんは、馬渕さんや犬山さんにはなれないのよ。なる必要もないのよ。

さ、ビールでも飲もっか」


私の中で、ふっと何かが吹っ切れた。

車窓を流れる夕景のなかに、遠くの山々がくっきりと浮かんでいる。

あの山のシルエットほどはっきりはしてないけれど、東京に行く前のもやっとした感じはもう、なかった。


「いい研修だったみたいだね」

駅に迎えに来てくれた彼が、私の顔を見て言った。

「ありがとう。おかげで、なんとか」

「じゃあ、すっきりしたところで……」

「？」

「結婚しようか」

1年で二度目の転機がやってきた。

最終話　この空の下で

「おはようございます。新しく相談部に配属になった猪田です。よろしくお願いします」

「じゃあ猪田さん、今日は犬山君と一緒に行ってくれるかな」

「はい。犬山さん、よろしくお願いいたします」

「ああ、よろしく。早速だけど、そこの掃除道具を車に積んでくれる」

「えっ、掃除道具をですか……」

　学生時代、下の学年が入ってくるたびに、なんとも言えない、くすぐったい気持ちになったのを思い出した。

「はいこれ、軍手。エプロンはあそこに掛かってるから好きなの持ってって。マスクもあった方がいいかもね。がんばって。いのやまくん」

「いのだ、です」

「あ、ごめんごめん。（がんばれ。一年前の私！）」

　犬山さんたちがバタバタと出て行った。


　私は訪問先に向かって、自転車をこぎ出していた。

　やわらかな春の風が心地いい。

　春の空は、薄い碧色をしていた。

　この1年何度もこの空を見上げた。

　白い雲がゆっくりと動いていくのが見えた。

第二部

価値ある人生を求める相談支援

山本耕平

はじめに──不自由からの解き放ちと相談支援

本稿では、障害者福祉実践において、相談支援がどうあるべきかを考えます。相談支援は、生活上の諸課題を明確にし、当事者（仲間）の生存権を守る実践ではないでしょうか。そもそも〝相談〟は、なんらかの課題を解決するために他者と関わる手段の一つです。これは、その人が使用可能なコミュニケーションの手段を介して行なわれます。もちろん、聴覚障害者には手話通訳者が保障され、自身の思いを十分に伝えることができない場合には、その人の思いを代弁する人が相談者となることがあります。相談する者は、自身の生活のなかで悩み苦しんでいることを精一杯伝えます。相談を受ける者は、福祉実践者（ソーシャルワーカー）として育つための教育で得てきた知識や、今までの経験により得てきた知識を通しその相談を聞き、当事者（仲間）とともにあらゆる課題と向き合うのです。

ところで、私は国家資格である社会福祉士や精神保健福祉士のみをソーシャルワーカーとは捉えません。私は「ソーシャルワーカー」とは、当事者（仲間）とともに、今日の社会でわたしたち国民がおかれている不自由を解き放つために社会福祉現場で働き、主体的に社会変革をめざす人であると考えています。その意味で本稿では、「ソーシャルワーカー」とは言わずに「福祉実践者」という言葉を使用します。また、私は利用者という言葉があまり好きではありません。それは、今日の社会との関わりで生じる生活問題に対して、主体的に関わる当事者であるという認識を弱めるからです。このため本稿では、当事者という言葉を使い、さらに彼らと同じ時代に、同じ社会に生き、同様の生活問題の担い手ですから、当事者（仲間）という言葉を使います。ただ、紙幅との関係で、以降当事者とします。

骨格提言6つのポイントを追求する相談支援

２００6年、障害者自立支援法が施行され、障害福祉サービスなどの利用者負担として1割の応益負担が必要となり、その違憲性を問う訴訟が生じました。この訴訟は、２０１０年1月には、同訴訟の原告団・弁護団と国（厚生労働省）が和解し、基本合意文書を締結しました。この基本合意文書と障害者権利条約を指針とし、当事者を含む障がい者制度改革推進会議総合福祉部会により、障害者自立支援法に代わる新法の検討が進められ、２０１１年8月に「障害者総合福祉法の骨格に関する総合福祉部会の提言―新法の制定を目指して―」（以下「骨格提言」）を公表しました。障害福祉サービスの利用者負担の原則無償化や障害程度区分（現在は障害支援区分）の廃止などを提言した「骨格提言」でしたが、その多くが無視され障害者総合支援法が成立したのです。

骨格提言では、障害者総合福祉法がめざす6つのポイントとして「障害のない市民との平等と公平」「谷間や空白の解消」「格差の是正」「放置できない社会問題の解決」「本人のニーズにあった支援サービス」「安定した予算の確保」が提言されました。このポイントは、憲法で保障された生存権をはじめとする当事者の諸権利が守られるために不可欠なものです。福祉実践者は、日々、当事者と向き合い、彼や彼女の暮らしのなかに、これらの内実を追求しなければなりません。

いま、当事者と福祉実践者の育ちあいが……

私は、相談支援は、福祉実践者と当事者がともに課題と向き合い、育ちあう過程であると考えます。しかし今日、わたしたちが暮らす社会では、当事者と福祉実践者が、ともに課題に向き合うことが脅かされているのではないでしょうか。

当事者と福祉実践者が、同じ課題に向き合い、この課題を解決していく時に必要な関係は、「支援―被支援」

の関係ではなく、双方が同一の課題に向き合い、解決の方向を導き出す協同的関係です。しかし、今日、この協同的関係が困難になっています。その一つには、福祉が新自由主義的な「改革（それは、改革という名の改悪です）」に歪められ、福祉実践者が実践上の課題に悩み、考え、育ちあう過程が奪われていることがあります。よく考えてください。みなさんの現場では、福祉実践者が相互に時間をかけ、日々の実践をふり返ることが少なくなっていると思いませんか。

また、多くの福祉実践者が受けてきた福祉教育が、当事者の語りをじっくりと聞き、受けとめ、当事者とともに育つ力を獲得するものになっているでしょうか。福祉教育が、福祉実践者としてのゆたかさを追求するものではなく、いまある制度や「サービス」に、当事者をどう適応させるかの知識を伝授することに重点がおかれたものになっていないでしょうか。

そうしたなかで、福祉実践者が当事者とともに育つことが危機にさらされている〝いま〟があるのではないかと危惧するのです。その危惧が的を射ておれば、本稿で取り上げる〝相談支援〟の内実が、きょうされんがめざす共同実践から遠ざかっていることが心配されるのです。

ここでは、みなさんとともに相談支援が、障害当事者の人権を守り、生活をゆたかにするとともに、その実践を通して、当事者と福祉実践者が育ちあい、すべての人の不自由を解き放つ実践となるために、どのような視点で捉えられるべきかを一緒に考えましょう。

1．人や人生、課題との出会いを大切に

わたしたち福祉実践者は、当事者の人生や課題との出会いを大切にしなければなりません。わたしたちが出会うことのできるそれらは、引き続く実践を発展させる重要なきっかけとなるのです。

相談は、すまい、就労、いこいの場の〝雑談〟から

さて、みなさんは、環境の整えられた相談室でのみ〝相談〟を受けていますか。例えば、職員室の片隅で、昨夜、グループホームや自宅で起こった困ったことを職員に相談する当事者はいませんか。もちろん、そこは、当事者と相談者のみがいる場でなく、他の職員や当事者もいます。このため、不特定の者が、その訴えや相談を耳にするかもしれません。さらに、グループホームの共同スペースで「夕べ、死んだお父ちゃんが出てきて眠れなかった」と相談することもあれば、作業の場で「みんな、自分の悪口を言っている」と語る当事者もいるかもしれません。

これらは、みなさんが福祉実践の原則を学ぶ時、必ず学ばれた「守秘」が守られている状況ではありません。その場は、必ずしも当事者にとって安心して相談できる場とは言えないでしょう。では、そんな時、「相談は、相談の時間にしましょう」と制止しますか。さらには「作業の時間は私語を慎みなさい」と、彼や彼女の行動を制限あるいは制止するでしょうか。

こうして語られることは、時に〝雑談〟として受け止められるものかもしれません。このため、「また言いはじめた」との思いになり聞き流したり、当事者を制止したりすることが起こりがちです。しかし、そこには、懸命に自己の思いや願いを言語化しようとする当事者がいます。福祉実践者は、その懸命に語ろうとする当事者の姿に、彼の秘めたる強さを見出すのではないでしょうか。この〝雑談〟の場面は、当事者のたくましさに心を揺り動かされる場面かもしれません。

ところで、この〝雑談〟はどんな場面で、どんな時に生じるでしょうか。それは、自身が慣れた生活場面や労働場面で、自身が信頼できる人との関係（空間）が存在する時にこそ生じるのではないでしょうか。わたしたちは、この〝雑談〟を受けとめ、そこに隠れている要求を発見するなかで、充実した実践を展開することができるのではないでしょうか。きょうされんの40年の歴史は、〝雑談〟のなかに隠されている生活要

求を大切にし、当事者・福祉実践者・地域住民がその生活要求を実現するために、実践し運動してきたことを明らかにしているのではないでしょうか。私が参加している和歌山の共同作業所運動は〝ほっとけやん(和歌山の方言で放置することはできない)〟という思いを大切に運動や実践を行なってきました。これは、まさに、〝雑談〟のなかに隠されている生活要求を的確に把握する実践でしたi。

〝雑談〟を通して出会う人(人生)や要求と生み出される実践

福祉実践者たちが「なんか暮らしづらい」「親子の関係がうまくいかない」という〝雑談〟を耳にした時、その〝雑談〟を放置せずに福祉実践者としての心を動かし、そのなかにある苦情から要求を把握し運動を育て、新たな実践や制度・政策を育てる社会福祉実践・運動を展開し、時には政策化してきたのが、共同作業所運動の歴史でしょう。この〝雑談〟を耳にする時、福祉実践者は、そこで、それを語る人(人生)と出会い、要求と出会い、実践を創造するのです。これは、その人や課題と福祉実践者が出会い、社会福祉実践や運動を組織する「出会いの局面」であり、要求実現の重要な局面と言えるでしょう。

この出会いの局面は、実践と福祉実践者の質的な育ちが問われる局面です。当事者が語る事実は、福祉実践者がもっている価値観を揺るがすものであることが多いものです。人生のさまざまな課題と向きあう当事者と出会い、彼や彼女が持ちかける相談と向き合う時、福祉実践者は、当事者が提起する課題と向き合い、その課題の意味を問わなければなりません。その過程では、時に、福祉実践者の社会的存在価値を問い直すことが求められるかもしれませんし、今ある社会のあり方に揺るがされるものかもしれません。

2. 福祉実践者と「当たり前」「ふつう」

福祉実践者を支配する「当たり前」「ふつう」の適応観

わたしたち福祉実践者は、出会いの局面において、わたしたち自身が、「当たり前」や「普通」という考えに支配されていることに気づくことがあります。しかも、それが、当事者の人生まで左右してしまうかもしれないものであることに気づくのです。私は、社会参加が困難であり、ひきこもり等の状態にある人の相談にのる機会が多くあります。その人たちは、いろいろな相談者を訪れ、社会適応のためにSST（ソーシャル・スキルズ・トレーニング）や対人訓練を受けることが必要であるといった指導を受けることがあります。この社会適応訓練を受けることが必要であると考える福祉実践者たちは、ひきこもる人たちは、社会に再適応することが「当たり前」であり「ふつう」であるとの価値観をもっているかもしれません。この訓練による適応により、当事者が自分の人生に主体的に立ち向かい、矛盾のある社会と対峙する力を獲得することができるでしょうか。ひきこもりの当事者のみならず、今日の社会に不適応となれば、自由や主体性が剥奪されます。ただ、もし、福祉実践者がこの社会に適応することが「当たり前」「ふつう」と考える価値観に支配されているならば、実践のなかで、剥奪された自由をとり戻し、主体性を獲得することが困難になるのです。

フーコーは、『監獄の誕生』のなかで、「無名で一時的な観察者が多数であればあるほど、被拘留者にしてみれば、不意をおそわれる危険と観察される不安意識がなおさら増すわけです」と、近代社会が自己監視を強化する社会であるが故に、実際に監視されていなくとも、監視されている不安が存在する社会であると述べています[ii]。私がここで指摘しました「当たり前」や「ふつう」の価値観も、言葉に出さなくとも、今日の社会を支配する価値観として、わたしたちを不安に陥れているかもしれないのです。

「当たり前」や「ふつう」を追求するのが当然のように認識している多くの福祉実践者に「不適応者」と

映る彼らのなかには、今日の社会における競争が貫徹する学校、格付けをする社会の下請けとしての学校に見切りをつけ、自分なりの人生を探しはじめた人もいます。また、競争的な社会の下で、自身の人間らしさを奪う職場に見切りをつけた人もいます。

　彼らが、自分なりの人生を探し求めているにもかかわらず、社会は、彼らに、今日の社会に適応する「人間力」を求めようとするのです。競争的な社会で育ち、専門教育を受け福祉実践者となった者たちにとって、その「人間力」が、人としてのゆたかさを獲得することを邪魔するものと捉えられないかもしれないのです。そんななかで、当事者が今日の社会に適応するのが「当たり前」と考え、彼らを、適応実践の対象とすることがあるのです。それは、ややもすると、彼らを監視・支配の対象とする過程かもしれません。その時、わたしたちは、社会正義の追求者である社会福祉実践者としての価値を放棄するのではないでしょうか。

　障害分野ではどうでしょうか。いまある働き方や、現在の社会に適応するのが「当たり前」であり「ふつう」の姿だから、それを可能とする「訓練」が必要であるという考えがないでしょうか。

「当たり前」や「ふつう」は、支配的な「支援―被支援」の関係を「当たり前」「ふつう」と考えるなかで生じます。当事者や家族が相談に訪れた時、時間をかけその訴えに耳を傾けることは、どの福祉実践者もとる方法でしょう。ただ、この耳を傾け、どのような方法をとるべきかを見立てる時、その背景に、当事者が、支援者の「当たり前」や「ふつう」と捉える価値観に左右されることがないでしょうか。

　今日の社会に「当たり前」に適応することが「ふつう」であり、その力を形成することが支援であると捉える福祉実践者は、当事者が社会に適応することに懸命になるかもしれません。その段階では、社会変革をめざす福祉実践者とは言えません。言うならば、実践的でない支援者でしょう。そこでは、病的と判断される「部分」を発見し、そこを治療対象とし、現在社会への再適応をめざそうとします。そういった実践モデルは、現代社会に「折り合い」をつけながら生きる技術を獲得する方法を重視してきました。その「折り合い」をつける支援は、当事者が、今ある社会の矛盾を明確にし、それと変革的に対峙する主体となることをめざさず、再適応のために必要となる「自己変革」を自己責任として強いてきたのです。このなかで「支配―被支配」関係を強固に追求してきました。

しかし一方、こうしたことに疑念をもつ福祉実践者は、その当事者が学校や職場に再適応することをめざすことに懸命にならずに、その彼や彼女が参加できる学校や職場をともに創り出すのではないでしょうか。

実践者を苦しめる、できて「当たり前」「ふつう」

「当たり前」「ふつう」は、相談支援の専門職であれば、当事者の苦しい状況に「共感」することができて「当たり前」であり、「ふつう」であるといった専門職観として現れることもあります。

当事者の悩みや課題をなんのためらいもなく解決できる完璧な神のような専門職は存在しません。専門職といえども人間であり、人間であるが故に日々の暮らしや対人関係のなかで苦しみながら、その仕事に従事しています。その専門職が、時に「あの人のいう事、本当に理解できない」との思いになることは至極当然のことです。この時、その思いを語ることができる職場集団が必要です。

今日、〝共感疲労〟ということが話題になっています。これは、かつてから、病院の看護師や被虐待児の多い児童養護施設で、支援者トラウマと言われていた状態です。最近では、これをストレス反応のひとつとしてとらえる見方が主流となっています。当事者が家族に虐待を受けている事例と出会った時、誰もが、その深刻さに動揺し、時に「自分でなんとかしよう」と思ってしまうことがあります。ただ、ここで必要なのが、集団の力です。個々の福祉実践者が「当たり前」に支配されたり、仕事の情熱を燃え尽きさせるばかりか、抑うつ的になり一人の人間として生きていく力を失うことが、今日の福祉現場であまりにも多くみられるのですが、集団的な支えあいのなかで、人が対象に向かう力はより強固な力となります。もちろん、そのなかで、担当の相談支援の福祉実践者が、当事者と適切な距離を保ち、緩やかな関係をもつことを、職場集団として判断する必要もあります。がんばりきることを「当たり前」「ふつう」のこととして強要するのではなく、集団でその課題と向き合うかを導き出すことで、苦しい状況を建設的に乗り越えることができるのではないでしょうか。

3. 当事者の強みやすばらしさを発見する共同作業を

新たな課題と出会った時、当事者は、困惑し、先行きがみえない不安に襲われているかもしれません。時には、当事者の暴力がくり返し生じ、家族が先行きを見失っていることもあるでしょう。この新たな課題と出会い困惑する局面でまず必要なのが、すぐそばに一緒に問題を考える福祉実践者が存在することを、当事者が認識することです。この局面では、当事者がいまおかれている生活の状況を的確に把握する作業をはじめなければなりません。

相談支援のなかで、当事者と福祉実践者がともに可能性を見出す

当事者が困惑する局面に対応する作業は、福祉実践者のみで行なうものではなく、福祉実践者と当事者双方が参加し行なわれるものです。その時、今ある社会がさまざまな暮らしづらさ、働きづらさ（実践しづらさ）をもたらす社会であればあるほど、当事者の弱点や課題が浮き彫りになってくるのではないでしょうか。

幼児期から虐待のなかで育った当事者や、親の暴力の下で育った人、親がなんらかの疾患や依存等の課題を持っている当事者と出会った時、福祉実践者は「あの親だから……」と、その当事者の背景にある課題故に、あたかも、その当事者が課題を解決する力を持っていないのではないかと否定的な考えに陥ることがないでしょうか。しかし、今、多くの実践は、当事者が困難な課題からたくましく育つ事実を明らかにしています。

私は、障害のある人やその家族、なんらかの生きづらさをもつ人たちが、困難な課題と対峙し、人生の主体となる実践をエンパワメント・アプローチとして捉えています。エンパワメント・アプローチの研究者の一人である和気純子は、エンパワメント・アプローチでいうパワーを「たんなる外在的な権力を指しているのではなく、個人と社会の相互関係を形成するそれぞれの自律性に関する力動を支配するメカニズム」であると言います。さらに、そのパワーを具体的に「①自分の人生に影響を行使する力、②自己の価値を認め、それを表現する力、③社会的な生活を維持・統制するために他者と協働する力、④公的な意思決定メカニズムに関与する力」[iii]であると指摘しています。

わたしたちが行なう相談支援実践は、まさに、これらの力が育つプロセスに関与する実践ではないでしょうか。

当事者が潜在的にもつ力（ストレングス：強さや可能性）は、福祉実践者が当事者と何回かの相談をくり返すなかで、「あなたの強さ、可能性はここだ」と発見し伝えることができる程度のものでしょうか。そんなに簡単に当事者の隠された力を発見でき、しかも、当事者に申し伝えのような行動をとることができるならば、そこには福祉実践者の傲慢が存在するかもしれません。

当事者が福祉実践者に相談する時、「この人に、自分の気持ちがわかるのだろうか」「資格をもっているらしいが、この年端のいかない者が、私と一緒に悩んでくれるのか」等々と、さまざまな疑念を持つかもしれません。窪田暁子が「自分の言い表しがたい気分に共感を持って接してくれる、安心できる、好感の持てる相手の眼の中に映っている自分と出会うことによって、人は自分自身を見直すことを学ぶ」と述べています[iv]が、「あなたの苦しみ、よく理解できる」と表面的な共感を示すことにより、当事者が「人は自分自身を見直すことを学ぶ」ことができるでしょうか。もちろん、福祉実践者が「苦しいよね。でも、あなたには素敵なところがたくさんある」と表現することは、共感を示すために不可欠です。しかし、それで、当事者は自分の可能性やすばらしさを発見できるでしょうか。その段階では、まだ、当事者は福祉実践者の前に客体的な存在として自己を見ているに過ぎず、専門職である福祉実践者を「共感する他者」と認識し、「自分の言い表しがたい気分に共感を持って接してくれる、安心できる、好感の持てる相手」として自己のなかに取り入れているとは言い難いのです。

管理から育ちあいへ――人生の価値を見出す当事者

つい先日のことです。ある食品製造を主とする就労継続支援B型事業所で、豆腐やジュースを製造する労働者として、いきいきと働く一人の30代半ばの当事者と再会しました。筆者は、彼女が10代後半の頃、地域精神保健福祉の場で出会っていました。激しい精神症状があり入退院をくり返し、その後に恋愛や別れを体験してきた人です。その間、福祉実践者である私は「心配な人」「可能性は秘めているが心配が大きい」という思いを持っていました。私が福祉実践者として所属していたのは、ある市の保健所です。保健所は、地域住民や家族から相談を受け付ける現場です。保健所職員は、当事者の立場に立ちたいという思いと、地域住民や家族からの相談や要求に応じなければならない現実のなかで、どう実践するか葛藤するのです。そのなかで、どうしても、わたしたちは管理的監視的になることがありました。地域精神保健福祉の現場を離れ久しぶりに会った彼女が、共同作業所の福祉実践者や他の当事者たちから「仕事を任せられる人」という評価を受けていたのは、私にとって大きな衝撃でした。

筆者は、地域精神保健福祉の現場で、生活者としての彼女を、「相談支援」の場面に切り抜き、そこで見えた彼女の姿を〝アセスメント〟してきたのです。その時、彼女が体験した場と関係は、彼女が「自分の言い表し難い気分」を示すことができる場であり、言い表してもよい関係では、決してなかったのではないかと思います。

今回、共同作業所で彼女と再会し、鈴木勉が指摘する「共受的発達関係」[v]という言葉が私の心を打ちました。鈴木は、共同作業所の多様な「主体―主体」間関係を考え、この「共受的発達関係」という言葉を提起しています。鈴木が、ここで「共同作業所を構成する多様な『主体―主体』間のうち、『職員―障害者（仲間）』関係における援助（指導）という職員の役割を考える場合、職員と障害者との人格的平等性を確認しながらも、発達援助関係における『職員―障害者』の関係を『能力の違い（差異）』の相互承認と相互の発達を共受する関係において把握されるべきであろう」と述べています。

さて、私が勤務していた保健所の場合、少なくとも、この人格的平等の確認がなされていたのであろうかと考えることがあります。この人格的平等は、「支援―被支援」の関係性を導くでしょうか。さらに、相談者が、相談室の机に向かい合って座って福祉実践者に「困ったことがおこりました」と相談を切り出すでしょうか。鈴木が指摘する「共受的発達関係」は、命の危機への強制的な介入を除いて、相談支援実践においても追求されることが必要ではないでしょうか。そのなかでこそ、「自分の言い表し難い気分」を言い表される場が成立し、その関係を追求することが可能となるのではないかと考えるのです。

当事者とともに生きがいや希望を見出す相談支援

福祉実践者は完璧な存在でしょうか。けっしてそうではありません。いろいろな国家資格をもち、わたしたちの現場に就職する人たちや、実務経験や研修を通して相談支援員の資格を得る人も多くなってきました。ただ、それらの資格は、福祉実践者としての完璧さを証明するものではありません。

厚生労働省の相談支援の質の向上に向けた検討会は、議論のとりまとめ（２０１６年7月19日）において、相談支援専門員には「障害児者の自立の促進と障害者総合支援法の理念である共生社会の実現に向けた支援を実施することが望まれている」とし、その実施において、「（相談支援専門員は）ソーシャルワークの担い手としてそのスキル・知識を高め、インフォーマルサービスを含めた社会資源の改善及び開発、地域のつながりや支援者・住民等との関係構築、生きがいや希望を見出す等の支援を行なうこと」を求め、「将来的には、相談支援専門員は障害者福祉に関する専門的知見や援助技術の習得のみならず、社会経済や雇用情勢など幅広い見識や判断能力を有する地域を基盤としたソーシャルワーカーとして活躍すること」を期待すると述べています。

この議論のとりまとめで述べられている「社会経済や雇用情勢など幅広い見識や判断能力を有する地域を基盤としたソーシャルワーカー」とは、障害のある人の社会適応をめざしたスキルや知識のみではなく、障害のある人が暮らしやすい地域を築き上げる情熱をもった福祉実践者を、相談支援者として求めているのです。いま、必要なことは、福祉実践者が、相談支援をとおして、あるいは共同作業所のあらゆる実践をとおして「生きがいや希望を見出す」ことができる社会を築く力ではないでしょうか。この力は、福祉実践者自身が、当事者や他の実践者（それは、教育実践者や地域づくり実践者等々多様な実践者です）との関わりで築き上げる力です。

4. いま、「我が事、丸ごと」のなかで阻害される実践者集団での育ちあい

「我が事・丸ごと」が追求する政策的管理が阻害する実践者集団の育ち

生活上の困難を自己責任さらには家族責任に求め、自身の力や家族の力で、その困難を解決する自己努力を強いてきた日本社会において、阪神淡路大震災以降、ボランティアという相互扶助の可能性を確信し、地域福祉の可能性をボランティアの発展に求めてきたこと自体は否定できませんし、重要な課題でした。しかし、２０００年以降、安上がりな、しかも単年度の社会福祉政策が、わたしたちの生活を脅かし、自助・共助が優先され、公助が先細るなかでボランティアに依拠する考えがあるのは公的責任を回避することであり、

見逃せないことです。究極の自己責任と安上がり福祉を推し進める社会を「生きがいや希望を見出す社会」にするためには、その政策化が必要です。にも関わらず「我が事・丸ごと」によって提示されてきた自助・相互扶助を重視する社会福祉政策は、憂慮すべき事態を生み出す危険性を持っていると言えます。

きょうされんは、「我が事・丸ごと」政策の問題を指摘（２０１７年3月21日：『我が事・丸ごと』地域共生社会のねらいは何か）するなかで、この政策の出発点が「効率化」「生産性の向上」「自助・互助・共助の優先」「地域住民の支え合い」にあるが、ここには、福祉抑制の背景があり、「地域共生社会」をめざすのではなく、「公的な社会保障の薄い社会」をめざしていると指摘していますvi。

この政策の下で提案された「地域包括ケアシステム強化法」は、財政的な危機を要因とし福祉（公助）を削減し、お互いの助け合いを重視し、しかも、障害当事者のみでなく、高齢、子ども等のあらゆる当事者が地域の同一の福祉施設で支援を受けることを、トップダウンの意思決定でおこなったのです。この決定過程において、当事者と福祉実践者の声はどれだけ反映されたでしょうか。今、わたしたちの社会が、生活問題をわたしたちの自己責任で解決する方向に進んでいるのではないでしょうか。福祉実践者は、社会正義の担い手として当事者とともに、こうしたトップダウンの意思決定に抗する力を育てることが必要です。

この政策化のなかには、社会福祉現場の働き手の確保との関わりで重要な役割を果たす「社会福祉士及び介護福祉士法」も含まれています。今、その法が改定されようとするなかで、複合的になっている生活課題と向き合う力や社会正義を追求する力を弱める改定方向になっていないかと危惧しています。

学生達が就職した現場から「モノにならない」「使えない」といった評価をいただくことがあります。この評価こそ、私自身が求めているものです。若手の福祉実践者たちは、現場で出会った当事者の生きづらさに圧倒され、なぜこんなに生きづらいのか、どこにその要因があるのかを懸命に考えようとするが故にゆらぎます。ただ、今後、社会保障や制度が先細るなかで、社会福祉現場が、制度の運用を上手に行なうことができ、当事者の暮らしづらさと現行制度との間に、さほど矛盾を感じずに職場適応する人を「直ぐに使える」と評価せざるを得なくなるのではないかと思うのです。

尾崎新は「社会福祉は『ゆらぎ』に直面することからはじまる実践である。人生や暮らしの本質が『ゆらぎ』である以上、社会福祉援助の本質も『ゆらぎ』にある」[vii]ことから、必ずしも心地よい体験ではない『ゆらぎ』であるが、実践におき創意工夫し『ゆらぎ』と向き合うなかで新たな発見や変化、成長をもたらしうるものである」と述べています。

今、政府が求める「我が事・丸ごと」の従順な働き手となることを「使える」と評価する職場が自己の職場であるならば、その福祉実践者は、社会正義の追求者として職場で当事者と向き合っているとは言い難いのです。その向き合いは、今日の社会福祉政策の貧困さが自己の実践を貫徹し、障害のある人が実践の主体、社会の主体として生きることが困難になっている事実と向き合う（対峙）なかでこそ可能となります。

しかし、政策的な管理は何を求めているでしょうか。それは、福祉実践者から、当事者とともに社会的な諸矛盾と対峙する力を奪い、「ゆらぎ」が伴わない現場を生み出すことです。井上英夫が相模原障害者殺傷事件の構造を問い、我々が問うべき共生は「人権保障が徹底された社会がノーマライゼーション社会であり、それができれば共生・インクルージョンも可能となる。がんばってこの現実社会に生きろと押しつける共生（強制）ではなくて、障害をもっていても誰でも生きていけるように社会を変えた上で、一緒に生きる」実践であり、「障害をもつ人を客体から権利主体へと捉えなおす方向」で障害者像を捉えなおす必要があることを強調しています[viii]。これは、日常の実践を、変革的に問う視座と言えます。

井上は、福祉・医療現場に営利企業が参入し、社会全体が競争社会に突きすすむなかで、労働現場の効率化・合理化により、働けない人が、「社会にとって価値がない」と排除されていくと指摘しますが、これは、当然、福祉現場の労働においても生じています。同一職場のなかに、ケアマネジメントや他の高度な技法を身につけた相談支援者が「使える」価値ある福祉実践者として存在し、情熱ある社会正義の追求者たる多くの福祉実践者との間に区別化を生み出そうとする流れは国家資格化のなかでありました。

その流れは、実践現場の管理を強め、実践で十分にゆらぎ、福祉実践者としての人格や実践力を獲得する集団づくりを阻害する要因となっていないでしょうか。しかも、現在の相談支援の制度設計が、どれだけの件数をこなすかが事業成立のために問われるものであり、相談支援が事業として成立するために「使える」職員を活用し、そうでない職員は合理化しなければならない制度設計となっていないでしょうか。これでは、現場で福祉実践者が、当事者とともにゆらぎつつ育つ余裕がありません。

5. 個・集団・地域・社会の発達を組織する相談支援活動

志賀文哉が、社会正義を追求するソーシャルワーカー（福祉実践者）は、ソーシャルアクション（社会変革）の担い手であるが、実際の業務を見た時、多くが『ケースマネジメント』に置き替えられ、トップダウンによる圧力的な構図を生み出しており、そのトップダウンの下で『合理的な意思決定』が進み、客観的なデータとして把握しにくい『価値』や『倫理』は考慮されにくくなると述べています[ix]。トップダウンの意思決定によるマネジメントがもたらす画一的な実践が、当事者の多様性を汲み取り、エンパワメントや自己決定などに基づく側面的支援を展開することを困難にしているという志賀の指摘は、今日の「地域包括ケアシステム強化法」の課題を考える上で重要な視点となるでしょう。

相談支援事業は、障害者自立支援法以降に登場した事業ですが、これは、社会福祉実践の根底を流れる実践形態です。木全和巳は、今日の社会福祉政策の貧困化とのなかで生じている相談支援事業を、「考え方や方法を間違えると負の側面が前面に出てくる不十分さを抱えている」ものであり「地域で解決されることが強調されると、ややもすると本来の国の行政責任が曖昧にされる」しくみになりがちであると指摘しています。木全は、この危険性をもつ相談支援事業を、「ソーシャルワークの原点に立ち戻って考えるならば、大切な役割を果たす可能性がある」[x]と述べています。

本書第一部第一話のストーリーは、ソーシャルワークの原点を伝えています。

「ほら、まあ燃える燃えないの分別は気にしなくていいけど、彼女に聞いてとにかく袋に入れて」

平静さを装っていたつもりでも動きが止まっていたらしい。私の驚きを見透かしたように、犬山さんが袋を差し出した。

……中略……

「今日のこれは相談の仕事なんですか。掃除の後で話を聞いたりするのかと思っていましたけど。私が想像してたのは……」

帰りの車中で私は疑問をぶつけてみた。

「事務所の机挟んで話を聞く？」

「……ハイ。困っていることを聞いて作業所とかヘルパーを紹介したり、制度を説明したりするのかなと」

「それも相談。けど今のも相談」

「掃除することがですか？」

「彼女は困ってたでしょ」

「それはそうですが……」

「何に困ってたんだろ」

「……部屋が片づけられないこと」

「それだけかな」

「(掃除をするならヘルパーではダメなのだろうか。片付け以外に女性が困っていたことって何だろう)」

黙り込んでしまった私に、

「わかるわけないよ。吉田さんは彼女のことを何も知らないもんね。彼女の日常も、ましてや今までの人生も聞いたわけじゃないから、わからなくて当然だよ。ま、とはいってもぼくもまだまだ彼女のことはわからないんだけどね。ハハハ」

朝から何度も見た犬山さんの笑顔。でも、疑問は消えない。

「相談の仕事って、なんですか」

「そうやねぇ……寄り添うことかな」


私が現場にいた頃、精神保健福祉相談員（当時は精神保健相談員）として就職してきた若手のソーシャルワーカーが、赴任初日に「私のデスクはどこですか」と言ったことに違和感をもったことがあります。保健所で働く精神保健福祉相談員の現場は、当事者の生活現場にあるという思いを強く持ち実践していた私は、その彼の言葉を聞き、「彼は、どこで、誰との関係でソーシャルワーカーとして育ちたいのだろうか」という思いをもったのです。

おそらく、犬山さんと一緒に「ゴミ屋敷」を訪問したこの福祉実践者にも、私が出会った初任者のソーシャルワーカーが持っていた「ソーシャルワーカー」観があったのかもしれません。なんらかの専門教育を受け福祉現場に就職し、自身が配属された部門が「相談部」であり、学校で学んだ相談支援のスキルを活用し、支援者として育つはずだったのが、「ゴミ屋敷」を訪問し掃除をする仕事に出会ったのですから、「私が勉強したことは無駄になるのでは」との思いをもったのかもしれません。彼女は、先輩職員との会話を通し、「(掃除をするならヘルパーではダメなのだろうか。片付け以外に女性が困っていたことって何だろう）」と自問しています。

彼女が体験した大きな「ゆらぎ」は、ソーシャルワーカーとして育つ根幹をゆるがすことを可能にするものです。「ゴミ屋敷」に掃除に行き疑問を感じた彼女に、先輩福祉実践者は、「彼女はどこに困っていたと思う？」と問いかけています。安全と守秘が担保された相談室で「あなたは何に困っていますか」と問いかけるのではなく、彼女の生活をみるなかで、彼女がいっぱいにしたゴミと語りながら、もう足の踏み場がない部屋に問いかけながら当事者と「共受的発達関係」を育てることができると、先輩の犬山さんは語っているのではないでしょうか。相談支援の力を育てるために、この犬山さんのような魅力ある先輩の実践を学ぶことができることが不可欠です。

おわりに――ユニークな価値ある人生を求める相談支援を

私は、〝元あった〟社会や場への復帰、つまりは再適応をめざす「社会復帰」という言葉があまり好きではありません。なによりも必要なのは、障害のある人のみならず、さまざまな生活要求をもつ人がユニークな社会への「参加」を行なうことではないかと考えるのです。それは、必ずしも、その人が適応できなかった社会や場に再適応するためのスキルを向上させる訓練を受ければ可能になるというものではありません。

競争に打ち勝ち、成功を勝ち取ることが好きなわたしたちの社会では、競争に打ち勝つことが大多数の人が追求する生き方になっているかもしれません。そのなかでは、その大多数の人が求める生き方に適応できなかった人に病理的要因を求める支援が主流でした。その影響は、まだ大きく影を落としているのではないでしょうか。もちろん、家庭内で暴力を振るわれていた障害のある人を、その家庭に返すことに執着する福祉実践者は、もういないでしょう。ただ就労継続支援A型事業所で働き続けることが限界になった当事者に懸命にがんばれとエールを送り続け、その当事者がその事業所に適応できなった要因を彼自身に求め、再適応のためにさまざまな訓練をメニュー化する福祉実践者はいるかもしれません。

我々の社会が、今ある住まい方、働き方、集い方に変化を与え、わたしたちの人生を充実させる住まい方、働き方、集い方を追求することを応援できる社会になる時、当事者に「適応」から「参加」を名実ともに保障することが可能になるのではないでしょうか。当事者が福祉実践者に訴えてきた「生きづらさ」や要求は、今の社会の支配的な住まい方や働き方、集い方を変革する要求であるのではないでしょうか。

多様性を帯びている生きづらさと対峙する福祉実践者は、多様な人生を創造する実践と向き合う必要があるのです。しかも、その向き合いは、本来、個々人と集団・社会が、今ある社会のなかで与えられている不自由を解き放つ力を獲得することを追い求めるためにともに生きる専門職なのです。その福祉実践者が貧困な資源の下で疲労困憊し燃え尽きるものではなく、当事者とともに夢ある人生を追える楽しい実践を展開できる集団・社会でなければなりません。

i　山本耕平編著、２０１７、対談集　笑顔と元気　麦の郷流―40年の歩み、そして未来―、麦の郷出版

ii　ミシェル・フーコー、１９７７、監獄の誕生、新潮社、P204

iii　和気純子、２００５、エンパワーメント・アプローチ、久保紘章・副田あけみ編著、ソーシャルワークの実践モデル―心理社会的アプローチからナラティブまで、P205-225、川島書店

iv　窪田暁子、２０１３、福祉援助の臨床：共感する他者として、誠信書房

v　鈴木勉、１９９９、ノーマライゼーションの理論と政策、萌文社

vi きょうされん理事会、２０１７、「我が事・丸ごと」地域共生社会のねらいは何か「地域包括ケアシステム強化法案」の問題点と障害福祉への影響、http://www.kyosaren.or.jp/wp-content/uploads/2017/03/c705288fdd0e6dafa80e8683fe7559f2-1.pdf

vii 尾崎新、１９９９、「ゆらぐ」ことのできる力―ゆらぎと社会福祉実践、誠信書房

viii 井上英夫、２０１６、相模原事件の根源を問う―人権保障の視点から、藤井克徳、池上洋通、石川満、井上英夫編、生きたかった―相模原障害者殺傷事件が問いかけるもの―、大月書店

ix 志賀文哉、２００９、社会正義とその教育―フィールドと倫理教育を結ぶ一考察―、社会医学研究第27巻1号、P57-66

x 木全和巳、２００８、安心して豊かに暮らせる地域をつくる、全国障害者問題研究会出版部、P41

あとがきにかえて

１９７０年代の共同作業所づくり運動からはじまったきょうされんは、障害のある人が地域で暮らしを築く権利の保障をめざして活動してきました。現在では、作業所だけでなく、グループホーム等の暮らしの場や相談支援事業所など幅広い事業所が加盟する団体となっています。そこでは相談・支援が制度化される前から、障害のある人が日々の生活で直面するあらゆる困りごとを支援者が受けとめ、その人のよりよい暮らしを実現するために、ともに考え動いてきました。それはまさに、今の相談支援事業の原点ともいえる実践でした。

２０１４年、日本は障害者権利条約を批准しました。きょうされんは、新たな結集軸「あたりまえに働きえらべるくらしを～障害者権利条約を地域のすみずみに～」を掲げ、障害者権利条約がうたっている、障害のある人と障害のない人とがわけ隔てのない社会の実現をめざして、さらなる実践・経営・運動を進めています。そして、障害のある人たちのゆたかな暮らしを実現するために、憲法９条がうたう平和主義と、２５条がうたう生存権が何より大切であるという立場を明確にしています。

しかしこの間、障害者自立支援法の施行を境に、障害のある人をとりまく制度は、目まぐるしく変化してきました。障害のある人たちの権利を保障するはずの支援は、ことごとく「サービス」として切り分けられ、利用にあたっては、応益負担があたりまえになってしまいました。相談・支援の現場も例外ではありません。「事業として運営していくために相談件数をこなすことばかりが優先される」「相談を必要とする人が〝お金〟にみえてくる」といった悲鳴が届くなど、本来の相談・支援の視点の変質が危惧されてきています。

わたしたち、きょうされん相談・支援部会は、障害のある人のゆたかな暮らしを実現するために、障害のある人の本当の願いを置き去りにしない、たとえそれが制度にないものであってもしっかりと受け止めることを通じて、公的責任と行政の役割を明確にし、新たな制度をうみだすというプロセスこそが重要なのではないかと考えます。

これらを踏まえ、わたしたちは巻末に掲載した「障害者権利条約を地域のすみずみに活かす相談支援者の大切にする視点（２０１５年10月）」をとりまとめました。、そして今回、相談支援事業所で働く職員だけではなく、就労支援、生活支援、暮らしの場の支援現場で働く職員みなさんにむけて、ブックレットを発刊することになりました。新人相談員の吉田春花が、この「大切にする視点」を肌で感じ、学び、成長する姿を描いています。

福祉現場で働く職員は、誠実に一生懸命に支援するばかりに一人で課題を抱え込み、燃え尽きてしまう人たちが少なくありません。そのような時に本書を手に取り、自分だけではないという安心感をもらい、学ぶ姿勢に立ち戻り、前を向いてください。吉田春花が、小さな応援者になってくれるはずです。一人でも多くの方々に手に取っていただけることを願っています。

きょうされん相談・支援部会

（巻末資料）

障害者権利条約を地域のすみずみに活かす相談支援者の大切にする視点（２０１５年10月）

Ⅰ　障害のある人の願いや想いに寄り添い、障害のある人の尊厳と権利を守る相談・支援

１．《そばに寄り添う》

障害者手帳の有無に関係なく、生きづらさを持つすべての障害のある人・家族の思いや願いに寄り添います。また、一時的な支援としてではなく、その人の人生をともに歩むことを大切にします。

２．《向き合い、育ち合う》

障害のある人の思いや願いを軸に、潜在化したニーズをとらえ、障害のある人が発達（※１）する力や回復（※２）する力を信じ、支援者が一緒に実現していきます。

※１…「生活・人生の幅が広がり人格が豊かになること」がここでの発達の意味です。わたしたちは、人との関係から生まれる魅力的な経験などを通じて誰もが発達を保障されるべきとする発達保障の考え方を大事に支援します。

※２…「人との信頼関係を築きながら、その人が元々もっている生きる力や自分を信じる力をとりもどすこと」がここでの回復の意味です。わたしたちは誇り、自尊心や希望の回復を支援するためにも本人のストレングス（強み）と経験を尊重し、可能性を信じ支援します。

３．《権利を保障する》

障害者権利条約や骨格提言（※３）を拠りどころとし、障害のある人が望む、尊厳と権利が守られた暮らし

や安心できる生活環境を実現していきます。

※3：2010年1月にスタートした障がい者制度改革推進会議の下に設けられた障害当事者、家族、事業者、研究者など55人の委員からなる「障がい者制度改革推進会議総合福祉部会」での話し合いを経て、全委員一致でまとめた「障害者総合福祉法の骨格に関する総合福祉部会の提言」のこと。

Ⅱ　多様な機関と連携し、地域づくりをすすめる拠点として相談・支援を位置づける

1．《地域の中で身近な存在となる》

障害のある人に関わるすべての事業所での相談・支援を充実させ、地域の中で身近に相談できる存在となります。障害のある人がいつでも気軽に、相談・支援が受けられるよう、相談支援体制をつくっていきます。

2．《関係機関とチームをつくる》

障害のある人に関わるさまざまな支援者がチームとなり、それぞれの持ち味を生かしながら連携していく環境をつくります。また、平常時の支援チームづくりが緊急時や災害時にも機能することを想定し、行政を巻き込んだ支援体制もつくっていきます。

3．《地域に理解を広める》

他分野の人と幅広くつながりながら、地域の障害理解を深めることで、障害のある人の社会参加を促します。また、地域住民との交流が深まる中で、共通の課題としてともに地域における障害のある人を取り巻く問題にとりくめる関係を作ります。

4.《自治体と共同して地域をつくる》
障害のある人を取り巻く地域の課題を明らかにし、自治体の施策へ反映させるために、自治体と民間が一緒に協議する場（地域自立支援協議会、関係会議等）を積極的に活用します。

Ⅲ 安心して暮らせる社会への変革を目指す

1.《新たなニーズを掘り起こす》
障害のある人の生きづらさが、本人の機能障害と社会の側のさまざまな障壁の相互作用により生じることに着目します。声なき声や障害のある人自身が気づいていない思いや願いを発掘していきます。

2.《谷間をつくらない》
現行制度では、障害の種類や障害程度、または年齢によって、必要な障害福祉サービスが受けることができない「制度の谷間に置かれた人」がいます。制度の谷間の解消を行政に働きかけ、地域関係機関と連携し迅速な対応をしていきます。

3.《行政の役割や責任を明確にして地域を変革する》
相談・支援を行うなかで、障害のある人を中心とし、障害者権利条約にうたわれている他の者との平等という判断基準を貫きます。様々な関係者とともに地域での実践を伝えながら、民間としての役割と責任をはたしつつ、行政の役割と責任を明確にし、障害のある人が暮らしやすい地域へと変革していきます。

・相談・支援…「相談支援」と「相談・支援」の表記について、相談支援事業所以外は相談・支援と表記する。相談支援では、相談支援事業所のみが行なうことというイメージが懸念される。相談や支援は本来どの事業所でも行なうこととして、あえて、相談と支援を「・」で分けて表記している。

・障害のある人…利用者、当事者、などの表記を統一している。

・支援者…相談支援員、事業所職員、などの表記を統一している。

・文章の作成にあたり…「支援者は」という書き出しで統一。主語は支援者として記載している。

執筆者
〈第一部〉
大須田潤子　社会福祉法人鴻沼福祉会　中央区障害者生活支援センター来夢
大 堀 尚 美　ＮＰＯ法人ポプラの会　地域活動支援センター・ポプラ
小 林　 栄　社会福祉法人げんきの家　げんき相談支援事業所
藤 宮 祐 憲　社会福祉法人蒲生野会
東近江地域障害者生活支援センターれいんぼう相談部
山 田 大 史　ＮＰＯ法人ゆいねっと　サポートセンターゆいねっと
渡辺おりえ　社会福祉法人きょうされん　虹のセンター 25

〈第二部〉
山本耕平
立命館大学産業社会学部教授
社会福祉法人一麦会副理事長
麦の郷障害者地域リハビリテーション研究所事務局長
編著書に、麦の郷出版、2017、『対談集　笑顔と元気 麦の郷流』、著書に、かもがわ出版、2013、『ともに生きともに育つひきこもり支援—協同的関係性とソーシャルワーク—』などがある。

〈ＫＳブックレット No25〉
今日もいっしょに空を見上げて　相談員 吉田春花

2017 年 9 月 15 日　初版第 1 刷
きょうされん相談・支援部会　編著

発行所　きょうされん
〒 164-0011　東京都中野区中央 5-41-18-4F
TEL 03-5385-2223　FAX 03-5385-2299
郵便振替　00130-6-26775
Email zenkoku@kyosaren.or.jp
URL http://www.kyosaren.or.jp/

発売元　萌文社（ほうぶんしゃ）
〒 102-0071　東京都千代田区富士見 1-2-32　東京ルーテルセンタービル 202
TEL 03-3221-9008　FAX 03-3221-1038
郵便振替　00190-9-90471
Email info@hobunsya.com　URL http://www.hobunsya.com

印刷・製本／モリモト印刷　イラスト／ uwabami　装幀／佐藤　健

ISBN978-4-89491-341-7 C3036

視覚障害などの理由から本書をお読みになれない方を対象に、テキストの電子データを提供いたします。

ご希望の方は、下記までお問い合わせください。

なお、第三者への貸与、配信、ネットでの公開などは著作権法で禁止されております。

きょうされん

TEL03-5385-2223　FAX03-5385-2299